经典悦读（第一辑）

主编　徐飞

西南交通大学出版社

·成　都·

图书在版编目（ＣＩＰ）数据

经典悦读. 第 1 辑／徐飞主编. —成都：西南交通大学出版社，2015.4（2021.6 重印）

ISBN 978-7-5643-3844-2

Ⅰ. ①经⋯ Ⅱ. ①徐⋯ Ⅲ. ①读书笔记 – 中国 – 现代 Ⅳ. ①G792

中国版本图书馆 CIP 数据核字（2015）第 066207 号

Jingdian Yue Du（Di Yi Ji）
经典悦读〔第一辑〕
主　　编　徐　飞

出 版 人　阳　晓
责任编辑　杨岳峰
助理编辑　左凌涛
封面设计　原谋书装

西南交通大学出版社出版发行　（028-87600564　028-87600533）

社址　四川省成都市二环路北一段 111 号
　　　西南交通大学创新大厦 21 楼（610031）
网址　http://www.xnjdcbs.com
印刷　三河市同力彩印有限公司

成品尺寸　150 mm×220 mm　　印张　19　　字数　211 千
2015 年 4 月第 1 版　　2021 年 6 月第 4 次
ISBN 978-7-5643-3844-2　　定价　46.00 元

《经典悦读（第一辑）》

编写委员会

主　编：徐　飞

编　委：陈志坚　桂富强　朱健梅　冯晓云

　　　　甘　灵　赵彦灵　郝　莉　刘国祥　向仲敏

　　　　高　凡　张雪永　邱延峻　王怀东　郝辽钢

　　　　朱剑松　郑　江　阳　晓　战　凤

经典悦读

当下全社会读书的情形令人担忧。一方面，物质化、商业化和世俗化势不可挡，享乐至上和娱乐至死大行其道，新的读书无用论甚嚣尘上，相当一部分人几乎不读书；另一方面，互联网时代普遍的数字化，以及因电子浏览器和智能终端的广泛使用带来的阅读媒介多样化，使阅读越来越变得快餐化、浅表化和碎片化。大量的人群特别是青年人，将大把大把的时间耗费在武侠、玄幻、漫画、游戏上，或沉迷于看盗墓、读穿越、上微信、刷微博，从一个朋友圈切换到另一个朋友圈。为数不少的人虽然每天花费不少时间读报纸看杂志，了解新闻资讯，但主要关注的是事情、事件的发展、经过和结果，他们更可能感兴趣的是各种奇闻异事，一些人更愿意围观各色低俗、庸俗和媚俗的雷人八卦。这些阅读行为，一言以蔽之可称为"浅阅读"，恰如雅斯贝尔斯多年前感叹过的情形：人们草草阅读，只知追求简短的、能快速获知又迅速遗忘的讯息，而不是能引起反思的东西。

"浅阅读"风气的泛滥，有识之士不可不察。信息爆炸和阅读媒介的日益多样化，乃是时代发展和技术进步使然，个人顺应此种趋势而动，当属自然。阅读本是十分个人化、个性化的事情，选择什么内容阅读是个人自由，采用什么方式读更是个人权利。但须明白，对于"阅读"这一行为的意义评判，不能仅仅停留在个体层面，阅读背后还关涉国家和民族。"浅阅读"的先天缺陷显而易见，即快速（即时性）、快感（娱乐性）、快扔（浅显性），以及快餐化、平庸化和碎片化。"浅阅读"势必给阅读品质带来不同程度的伤害：对个人而言，惯性的"浅阅读"式读报、读图、读网等行为一旦形成，将使阅读止于资讯获取和字面意思，难以进行深入思考；若全社会"浅阅读"风气盛行，势必助长浮躁心态和功利取向，势必侵蚀和拉低整个民族的文化底蕴和精神高度。

当然，"浅阅读"毕竟也是一种阅读，不能武断地加以否认和排斥，但应尽最大努力引导，将其引向"深阅读"。一位作家说得好，文化不体现在一个国家高楼大厦的多寡，也不体现在一个国家的基本建设，但一定关乎一个民族的魂魄和整体素质。文化培育和葆持，精神提振与光大，需要沉静潜心的"深阅读"。其中，"经典阅读"不失为一种有效的深阅读。周知，但凡称得上"经"称得上"典"的，都代表了所在时代的最高智慧。经典是经受住岁月考验而历久弥新的人类精华，值得用心去"深阅读"。但说到读经典，很多人很可能因其太过博大宏阔或高深艰涩而望而却步。

诚然，阅读大部分经典确非轻松，当读者的学识积累和思维训练尚未达到应有程度，要读懂进而领会先贤圣哲的闳博睿思和学理旨趣，注定是个艰辛和挑战的过程。然而，正是因为经典本身的博大精深和阅读过程的丰富性和挑战性，才可带给读者最大程度的收获与享受。实际上，经典是可以"悦读"的，只是其"悦"不同于一般快餐读物浅薄的感官享受，而是体现为读者与作者间思想共鸣的"愉悦"和读者精神超拔的"喜悦"。经典"悦读"至少可在"知""情""意""志"四个层面上展开。

在"知"的层面上，经典阅读过程中认知的深化和知识的拓展，使人有"悟悦心自足"的释然。英国伟大的思想家培根所言"读史使人明智，读诗使人聪慧，演算使人精密，哲理使人深刻，伦理使人有修养，逻辑修辞使人善辩"，说的就是读书的妙处。"万般皆下品，唯有读书高"，更是对读书的极致推崇。经典是人类精神遗产的宝库和人类文化学术轨迹的里程碑，是书之上品和极品。阅读经典不仅有助于扩充知识，还有助于知识的专精、广博和贯通。更重要的是，对人与自我、人与社会、人与自然的关系有更深刻的体悟，对"真源了无取，妄迹世所逐"的世风有更敏锐的警觉，对光怪陆离、神奇诡谲的大千世界有更透彻的洞察。阅读经典可以使人思维更细密，视野更开阔，胸襟更博大，使人能在多元中把握主导，在多样中把握均衡，在多变中把握趋势，避免在选择中不知所措，在决断前迷惘茫然。经典悦读之"悦"，在于增广见识，培养智识，在于知古博今，消弭浅薄、固执与偏见，通晓人间正道。经过潜心研读，若能做到见微知著，举一反三，合纵连横，触类旁通，进而在本原中丰盈感性，在拓展中增强理性，在变通中提升悟性，"悦读"自当精妙绝伦。

在"情"的层面上，"悦读"是心的怦然，或如王安石的"两山排闼送青来"，抑或是皇甫冉的"闲看秋水心无事"。读书素来是一件雅事，是足不出户的旅游，书中江山多娇，风景独好。书间如梦，沉醉其中，捧腹开怀，乐而忘忧。阅读还是一种精神揽胜，由于经典著作寄托着作者最真实、最深刻和最丰富的情感，书中人物的一颦一笑，一嗔一怒，痛苦与欢乐，恐惧与平和，卑微与崇高，苟且与担当，以及种种的悲欢离合、生离死别和爱恨情仇，都可以通过阅读来感受。书中的情怀与思想、跌宕与精彩，让人拈页展颜，击节叹赏。读者极有可能因书中的警策隽语、独识灼见和奇思高论，开心窍，启灵性。阅读还能将情感融入自我生命，升华自我人生。阅读中有泪水，有感动，有思索，有震撼，生活在滚滚红尘中的芸芸众生，历经了尘世劳碌或渡尽劫波，若个体心绪与书卷哲理结合，超拔的心境和顿悟便油然而生。阅读使自我平凡的人生不断放大，让人变得顶天立地；同时，又把人生还原成庸常，让人变得渺小而谦卑。读者通过这样的"阅读人生"嬗变，完成自身的精神发育。

在"意"的层面上，"悦读"表现为"会意"的欣然。卡莱尔说过，书籍里横卧着历史的灵魂，读经典就是在聆听一些高贵的灵魂自言自语。高尔基进言，当读一本好书的时候，你就在和很多高尚的人对谈。阅读之所以能成为"悦读"，实为精神和精神的对话，灵魂与灵魂的神交。读者与作者就像两个忘年好友，穿越时光隧道，一见如故，相谈甚欢。读者心智成熟而沧桑的人生经验与书中的观点要旨水乳交融，人与书浑然一体；同时，对先贤圣哲的妙谛心领神会，灵犀相通。阅读中"会意"的生发，实际上已加上读者自身的体悟和创造。易卜生曰："不仅作家在创作，而且往往读者比诗人更像诗人。"阅读不是被动地接受，更不能迷信权威，膜拜经典，让自己的大脑和思维成为别人文本的跑马场。阅读是一种再创造，诚如鲁巴金所言"读书就是借助他人的思想，开发自己的思想。"通过存养诘辩，质疑问难，解构建构，推陈出新，实现从"我注六经"向"六经注我"的飞跃。

在"志"的层面上，"悦读"体现为"高贵"的泰然和怡然。《说文解字》曰："志，从心之声。志者，心之所之也"，"志"超越功利，追随本心，不忘初心。读者通过经典去缅怀与感受那些古往今来仁人志士鲜活的人格风范和精神风骨，明志立志，且知行合一，毕生践履。在众多古今中外的经典著作中，左丘明的《春秋左传》、司马光的《资治通鉴》，艾得蒙多·德·亚米契斯的《爱的教育》及奥格·曼狄诺的《羊皮卷》，都是"明志"的典籍。屈原的"与天地兮比寿,与日月兮齐光"，曹操的"老骥伏枥,志在千里"，以及郑燮的"千磨万击还坚劲,任尔东西南北风"，还有海明威的"一个人并不是生来要被打败的,你尽可以把他消灭掉,可就是打不垮他"等名句，也是励志的绝佳箴言。坚持阅读经典名著，有意识地吟诵这些名言名句，并自觉将"志"贯注其中，志存高远，可以涵养自身的浩然之气。

综上，在"知、情、意、志"四个层面上，经典"悦读"的"悦"体现为释然、怦然、欣然和怡然。需强调指出的是，追求经典阅读的"悦读"境界，需要下大力气和苦功夫。特别地，作为学术共同体和社会灯塔的大学，作为培养青年和未来接班人的大学，应当切实地担负起应有的引领责任。有鉴于此，西南交通大学近年来大力开展"经典悦读"活动，并先后推出了经典阅读推荐书目 2014 版和 2015 版。今后还将根据师生的阅读反馈，不断修订、补充和完善，适时推出每年年度推荐书目。学校倡导"经典悦读"活动，旨在扭转当前大学生浅表性、碎片化的阅读倾向，倡导严肃认真的深度阅读，重申读书本然的价值性。同时，在潜心研读的过程中，体悟高层次审美愉悦。活动开始后，学校官网主页专门开设"经典悦读"栏目，不断刊出高质量的读书心得、书评及随笔。虽然有些文章提及的书并非在学校推荐书单中，但这不重要，重要的是已实现了活动的初衷，即以推荐书目为引导，激发师生对书的热爱和对阅读的热情。这套丛书的出版，就是我们倡导"经典悦读"的阶段性成果。

衷心希望《经典悦读》系列丛书的出版，能为书香社会的建设尽一份绵薄之力。希冀读者能多读书，读好书，好读书，真正把读书作为一种生活方式，并尽享读书带来的无穷乐趣。

徐 飞 博士

西南交通大学校长

2015 年 4 月

目 录 CONTENTS

CONTENTS

経
典
悦
读（第一辑）

ENJOYING
CLASSICS
(BOOL ONE)

向仲敏

【作者小传】

向仲敏，男，汉族，1973 年生于四川南充，博士，副研究员，现任西南交通大学党委宣传部部长、西南交通大学新闻中心主任。

主要研究方向为传统文化与思想政治教育。主持、主研省部级课题 6 项，出版学术专著《两宋道教与政治关系研究》（人民出版社，2011 年版）和个人文化随笔《田埂上的折耳根》（西南交通大学出版社，2011 年版）。在《宗教学研究》《社会科学研究》《高校理论战线》等刊物上公开发表学术论文十余篇。曾获成都市"十佳青年教师"荣誉称号。

经典的力量

　　人在自然界面前是何其渺小！和伟大的自然力相比，人充其量只能算是一根芦苇，但是正如帕斯卡尔所言，这是一根会思维的芦苇。人的尊严恰恰在于思考的力量，思考的力量从何而来？它来自人对客观世界规律的把握，进而在人自身中实现合规律性与合目的性的完美统一。数千年来，人类对自然这个大宇宙和自身这个小宇宙进行着饶有兴致的探寻，并把这些探寻所得的智慧诉诸笔端，形成文字。这些文字经过岁月之流的冲刷，最终沉淀下来的就是今天我们要致敬的对象——经典。

一

　　经典一词，在中国文化语境里，意味着智慧与崇高。儒、道、墨、名、法、阴阳、纵横等先秦诸子百家，共同造就了中华文化史上的第一个"黄金时代"。西汉以降，儒学定于一尊，成为官方意识形态，儒家学说遂成了中国士人进身之阶。在官方的大力倡导下，儒家思想完成了从上层到民间的全覆盖，儒家伦理亦成为中国人安身立命之本。当然，中国人的生活智慧绝不囿于儒学一家，道家思想从未在中国人生活中隐去，道家的物我一体、生死达观，是对知其不可而为之的儒家进取姿态之温和劝慰。儒家与道家，成为中国人精神家园里最值得称道的宝贝，也是中华传统文化之舟的压舱石。此外，西来的印度佛法也极大地改变了中国人的精神世界，并刺激了中国本土宗教——道教的发展。自此以后，援佛入儒，援佛入道，出入佛老，对于中国知识分子而言几成常态。伟大的中华文化，因其兼容并包的特质从而越发博大精深，越发呈现出多元包容之美。夏商周三代的青铜器物、楚辞汉赋、唐诗、宋词、元曲、明清小说等，历久弥新的中华文明，长河雍容，令后世歆羡。中华文明长期以来深刻地影响着东亚社会，在萨缪尔·亨廷顿《文明的冲突与世界秩序的重建》一书中，中华儒教文明被亨廷顿视为堪与西方基督文明抗衡的主要文明形态。西方著名学者对中华文明的重视，或许会激发我们对时下中国"儒门淡泊"的忧思。忧思之余，当悟拨云见日之道。道有千途，万变莫改其宗，这就是回归经典，在经典阅读中虚心涵泳，切己体察，重新感受中华文明之脉动。

二

西方文明，其发展轨迹与中华文明迥异。古希腊哲学思想、古罗马政治法律及基督教信仰，是西方文明的三大基础。科学与理性是西方文明的内生动力，在科学主义与理性主义的大旗下，西方文明为世界文明的殿堂贡献了累累硕果。以哲学言之，从宣布"世界的本原是水"的古希腊大哲泰勒斯算起，西方哲学的天空可谓群星灿烂，苏格拉底、柏拉图、亚里士多德这三位个性鲜明、有着师承关系的哲学家值得我们仰视。在西方文明度过黑暗的中世纪之后，文艺复兴时期的思想家承袭了古希腊罗马文化的衣钵，开启了欧洲文明的曙光。近代以来，以培根为开端的经验论和笛卡儿肇始的唯理论延续了古希腊哲人对于客观世界真理性的追问，这种"打破砂锅问到底"的追问无可避免地导致了怀疑论大师休谟的出现。康德、黑格尔、费尔巴哈等德国古典哲学大家，展现了德国人一流思辨能力的风采，叔本华、尼采则凸显了德国哲学的另一面气质。当然，我们必须牢记卡尔·马克思和弗里德里希·恩格斯这两位德国天才思想家的名字，他们的哲学和以往的哲学家不一样，"哲学家们只是用不同的方式解释世界，而问题在于改变世界"。马克思、恩格斯以他们亲密无间的革命友谊和战斗情怀，向世人宣告了他们为何与"书斋哲学家"不同，他们的理论与实践，明白无误地告诉我们，什么才叫真正的知行合一。现当代西方哲学的发展历程，同样值得我们敬重。胡塞尔、海德格尔、维特根斯坦、萨特、哈贝马斯等哲学巨匠，他们的思想与智慧，需要认真品鉴。

三

中西方智者先贤，给我们留下了不可胜数的文化经典。文化是需要代际传承的，而经典恰好是代际传承的绝佳纽带。对于经典，我们要心存敬畏之心，因为敬畏经典就是敬畏人类自身的历史。但是仅有敬畏之心是远远不够的，我们还必须承担起文化传承的使命，不能让经典所承载的文明火炬在我们这一代人手里熄灭。传承文明的使命鞭策我们走向经典，而经典本身正散发着诗意的光辉，向走近她的人们报以会心的微笑。当然经典阅读并不见得轻松，要想领悟先贤的智慧玄机，还得下番苦工夫。中文经典，由于古今之隔，语义万殊，读懂这似曾相识的方块字，确非易事，必要时求助于工具书或者就教于"度娘"（百度），当能走出迷津。西方经典，由于文化背景的极大差异，导致理解起来困难重重，一般的文艺类作品，若能寻得其时代背景材料，阅读起来倒也无大碍，哲学类经典就必须从长计议。读者当先修西方哲学史，粗通西方哲学发展脉络之后再行钻研个别经典作家的作品，收效自当显现。舍此则事倍功半，甚至如坠五里云雾，不知所云。对于经典文本，读者个体可以做出各自的解读，见仁见智，未尝不可。而这种解读方式的差异性，中西方皆存在，如曹雪芹的《红楼梦》和司汤达的《红与黑》。诠释方式的差异，其实也正好是经典的魅力所在。

经典魅力巨大，其影响无远弗届。倘有一卷美文在手，岂不令人心生喜悦。这种喜悦感，源于经典的文本之美，使人如入芝兰之室，香远益清，心旷神怡，美在其中，乐亦在其中；这种喜悦感，勃发于读者与经典作家的跨时空交流，神交智者，对话先贤，俯仰天地，纵横古今，与伟大灵魂相往还，惺惺相惜，乐何如之；这种喜悦感，还昭示着一种澄明通透，得大自在的生活境界，不以物喜，不以己悲，是为真正的大欢喜，大光明，生年若此，其乐何极！可见，经典不光是要阅读，更应该"悦"读，表面上的一字之差，实则反映了对于经典的不同感悟。阅读经典，经典只是一尊值得敬重的偶像；"悦"读经典，则经典的文字顿时活跃起来，与智者先贤的对话才成为可能，我们才有机会踏上通往自由精神家园的蹊径。总之，经典的文本之美，与智者先贤的对话之美，浸润经典之后的精神超拔之美，要求我们变经典阅读为经典"悦"读。

四

经典是个好东西，阅读经典是个好习惯，可惜知之者甚众，行之者盖寡。当今中国，世风过于喧嚣浮躁，安静之地不易得，这颗心将如何安放？在年度人均阅读书本数量上，中国人均阅读书本数量少得可怜，和西方发达国家相比简直判若云泥，差距不可以道里计。富裕之后的西方人，懂得到经典中寻求心灵的净土，用经典滋养他们的"欧洲梦"或"美国梦"；正在富裕起来的中国人，千万不要只识孔方兄不认孔圣人，一朝发迹，结果发现除了金钱，其他一无所有。哈佛大学著名学者杜维明先生讲到，东亚社会在对儒家文明的传承上，韩国强于日本，日本强于台湾，台湾强于香港，香港强于内地。杜维明对于转型时期中国大陆传统价值观的削弱深感痛心，并直陈其后果将非常严重。作为一名儒学研究权威，杜维明这番盛世危言我们真的听进去了吗？一个远离书本的民族，如何传承其民族的历史文化？一个不珍视自家文明的民族，如何赢得世界的尊敬？大学作为社会的良心，文明的灯塔，当为天下开风气之先。不要忘记，中国的知识分子历来就有修身、齐家、治国、平天下的士人情怀，这份历史情怀应该被今天的大学人记取，同时赋予其全球视野的广度。唯其如此，我们才能从容应对三千年未有之大变局，在纷繁复杂的国际国内局势面前，用中国人的智慧化解前进中的难题，实现我中华民族一飞冲天的梦想。

有一句耳熟能详的话，"我们已经走得太远，以至于忘记了当初为何出发"，此时此刻，为民族复兴大计计，我们确实需要放慢追求 GDP 的脚步，回首风雨来时路，冷静地问一声：我们为什么出发？一个民族要想屹立于世界民族之林，就一刻也不能没有反思精神。那么就让我们从经典阅读入手吧！伴着缕缕书香，从经典中寻找智慧，并借此开始我们的反思之旅。

张雪永

【作者小传】

　　张雪永，男，1973年生于黑龙江省哈尔滨市，教授，历史学博士，现任西南交通大学文科建设处处长。

　　主要研究方向为中国近代史、中共党史，公开发表论文近30篇，出版著作近10部。

　　就本人专业而言，该潜心于中国近代史，但由于兴趣庞杂，所读所思所言常常"越界"，举凡政治、经济、教育、法律、文学、艺术，乃至自然科学无不稍有涉猎，导致学无所精，仅得皮毛，但乐此不疲，每以哲学大师罗素最痛恨现代学术专业分工自辩。时下举世反思大学专业教育之弊，试图以通识教育补救，以复大学本真。本人"不专"的缺点似乎稍可掩盖，反可为推行通识教育略尽绵薄。需敬告青年学子的是，不"通"无以"专"，只有"狭"；不"专"无以"通"，只有"泛"，"通"与"专"其实并不对立，实是相辅相成、相得益彰的。

"如其所是看世界，然后爱它"：
读《乡土中国》

"从基层上看去，中国社会是乡土性的。"

这便是费孝通先生《乡土中国》的开篇，简洁朴实，直入主题，但寓意深远。

1938 年的抗日烽火中，费孝通自英伦返国，在西南联大任职，讲授"乡村社会学"。讲课之初用的是美国教材，觉得用起来不顺手，于是摸索用自己的研究成果为素材，经过几年调整，逐步成形。到 1946 年，《世纪评论》约稿，于是"随讲随写、随写随寄、随寄随发表"，一气呵成，得稿 14 篇。次年结集出版，命名《乡土中国》。先生自谦，以为不成熟，"算不得是定稿，也不能说是完稿，只是一种尝试的记录"。

《乡土中国》只有 5 万多字，就篇幅言，相比很多鸿篇巨制，的确是一本看似"微不足道"的小书。但近 70 年过去，大浪淘沙中许多显赫一时的大作已经湮没，"不成熟的""记录"

《乡土中国》，费孝通
著，北京出版社

则成了经典，大量的文献从社会学专业的角度对之进行了分析和评价。但从另外的角度，该书的价值又不仅仅局限于社会学，它关乎如何看待我们民族数千年中形成的社会制度和历史文化传统，以及以什么样的眼光观察和应对近代以来"三千年未有之大变局"这个至今仍在解决之中的大问题。

再回到开头。为什么说"中国社会是乡土性的"？"那是因为我考虑到从这基层上曾长出一层比较上和乡土基层不完全相同的社会，而且在近百年来更在东西方接触边缘上发生了一种很特殊的社会。"近代以降，西学东渐，冲击着几千年来自成一体的中华文明。朝野皆大呼危机，于是有"兵战""商战"乃至"学战"等种种对策。以今日眼光观之，西潮虽以汹汹之势大举涌入，但和西方文明有亲密接触者，实主要局限于"比较上和乡土基层不完全相同的社会"，即上层社会。"在东西方接触边缘上发生了一种很特殊的社会"，主要也在于新兴的工商业都市，相对于中国广袤的国土和众多的人口而言，也只是中国社会一个很小的部分。

百多年前的先贤已认识到，对待西方文明，不能简单地抗拒，而是要吸纳西方文明的精华完成古老中华文明的"再造"和复兴。但如果离开构成中华文明基础的乡土性的基层，如何谈得上民族文化的复兴？如是，探讨传统中国基层的状况和前景即成为救亡图存的重要主题。

尽管随着科举制的废除，读书人已经由传统的士大夫转变成为现代知识分子，但当他们把目光投向乡村时，总还免除不了居高临下的姿态。服膺西方文明者，以为乡村是闭塞、愚昧、落后的；鼓吹中国文明自身价值者，虽然对乡村的凋敝和贫困报以同情，但也怀着救世主的心态主张通过教化民众而改造乡村。无论如何，乡村和居住在乡村的"乡下人"，是城市和居住在城市的"城里人"的"他者"，没有思想，没有主张，没有主体地位，或者该在时代的大潮中自生自灭，或者需要"城里人"来拯救。

费孝通有不同的看法。他以诙谐的语言写道：

乡下人在城里人眼睛里是"愚"的。我们当然记得不少提倡乡村工作的朋友们，把愚和病、贫联结起来去作为中国乡村的症候。关于病和贫我们似乎还有客观的标准可说，但是说乡下人

《乡土中国》，费孝通著，生活·读书·新知三联书店

"愚"，却是凭什么呢？乡下人在马路上听见背后汽车连续按喇叭，慌了手脚，东避也不是，西躲又不是。司机拉住刹车，在玻璃窗里，探出半个头，向着那土老头儿，啐了一口："笨蛋!"——如果这是愚，真冤枉了他们。我曾带了学生下乡，田里长着包谷，有一位小姐，冒充着内行，说："今年麦子长得这么高。"旁边的乡下朋友，虽则没有啐她一口，但是微微一笑，也不妨

译作"笨蛋"。乡下人没有见过城里的世面，因之而不明白怎样应付汽车，那是知识问题，不是智力问题，正等于城里人到了乡下，连狗都不会赶一般。如果我们不承认郊游的仕女们一听见狗吠就变色是"白痴"，自然没有理由说乡下人不知道"靠左边走"或"靠右边走"等时常会因政令而改变的规则是因为他们"愚不可及"了。

"乡下人"为何不学习"城里人"以为现代社会"必备"的知

识？费孝通以此为起点开始分析乡土中国。乡土社会的基本特点是熟人社会，由于共同性的经验，在相互沟通中"庙堂性"的文字并非必需，甚至语言都是不得已而采取的工具。而稍具常识的人都会认识到，语言和文字并非完美的交流工具，几乎每个人都遇到过"词不达意"的苦恼。是否识字，绝不能当作乡村落后的证据。

对于乡村工作者甚为诟病的"乡下人"的"私"，费孝通说，中国"城里人"也有此种通病。这并非是为"乡下人"辩护，而是为了进一步分析中国社会结构的格局。费孝通信手拈出"差序格局"概念描述中国乡土社会结构，以和西方"团体格局"的社会结构对应。"团体格局"可以比喻为一捆一捆扎清楚的柴，彼此界限分明；"差序格局"则好像是把一块石头丢在水面上所发生的一圈圈推出去的波纹，是一个"一根根私人联系所构成的网络"，由此引起了不同的道德观念。在"团体格局"中，因"群己权界"清楚，遂产生了"法治"。在"差序格局"中，他们和自己的远近亲疏因不同的情况是变动的，于是形成"礼治"，以伦理规范彼此的关系。在"法治"的社会，权利不可侵犯，法官并不考虑道德问题和伦理观念。同时也并不把法律看成一种固定的规则，法律一定得随着时间而改变其内容。"礼治"的社会由于社会结构的长期相对稳定，道德观念也总体上世代传承。由此在基层权力结构上形成"长老统治"，经验意味着权威。这反过来又有助于道德观念的稳定。这种在我国几千年中逐步形成的传统和特点，不能轻易否定其价值，更不能简单地用"落后"或"愚昧"概括。

作为受到现代西方社会科学严格训练的学者，费孝通并未理想化乡村。他深刻地认识到，礼治社会并非文质彬彬，礼的内容在现代标准看去，可能是很残酷的，尤其对于妇女等传统秩序中的弱者。他也并不否认乡土中国现代转型的必要性，而是指出，要找到乡土社会的现代化之路，绝不能站在乡土社会的外面指手画脚。如果不深入观察和体认中国乡村的社会结构和思想观念，并在此基础上寻求合理的变革之路，而是自上而下地搞诸如"文字下乡""法律下乡"之类的运动，不但文不对题，更可能导致实行"法治秩序"的好处未得，破坏"礼治秩序"的弊病却已先发生。史学大师钱穆呼吁对民族和传统应报以"温情和敬意"；另一位史学大师陈寅恪强调历史研究中"了解之同情"，在研究古人思想时，"对其持论所以不得不如是之苦心孤诣，表一种之同情，始能批评其学说之是非得失，而无隔阂肤廓之论"。费孝通面对苦难中的祖国，其家国情怀无需多言。但同时他又以现代学者的理性和社会科学的方法冷静地解剖着中国社会和中国乡村，以探索其现代转型之路。

费孝通的导师马林诺夫斯基在评价其博士论文《江村经济》时写道：

《乡土中国》，费孝通著，上海人民出版社

"此书虽以中国人传统的生活为背景，然而它并不满足于复述静止的过去。它有意识地紧紧抓住现代生活最难以理解的一面，即传统文化在西方影响下的变迁。"

"我们的现代文明，目前可能正面临着最终的毁灭。我们只注意在机械工程中使用最合格的专家。但在政治、社会和道德力量控制方面，我们欧洲人越来越依从于疯子、狂人和歹徒。在界线的一边正越来越多地责备着那种个人随心所欲，毫无责任感或毫无恪守信义的道德义务的倾向，而在另一边我们尽管仍然可以在财富、权力和实力上具有压倒的优势，近数年来却始终不断地暴露出软弱、涣散以及对荣誉、对所负的神圣义务的忽视。"

在《乡土中国》和后续的著作中，费孝通继续行走在这条路上。

罗曼·罗兰有言："如其所是看世界，然后爱它。"（to see the world as it is and to love it）《乡土中国》是现代学术的经典，但仔细品读，字里行间无不洋溢着对民族和对作为民族的真正脊梁的普通民众的"温情和敬意"。其学当敬仰，其情当感佩。

桂富强

【作者小传】

桂富强，男，四川自贡人，博士，副教授，西南交通大学党委副书记，中国高等教育学会辅导员工作研究分会副秘书长。

长期从事高校学生思想政治教育和管理工作，先后在《学校党建与思想教育》《思想教育研究》《中国青年政治学院学报》《软科学》《财经科学》等期刊上发表学术论文十余篇，出版专著《高校贫困生发展性资助理念及管理体系研究》，主编《新时期高校学生工作创新与实践》《磐石心语——西南交通大学辅导员抗震手记》《走进交大每一天》等文集5本。

读大家之经典 想自家之大事

　　这几年，我对文化学特别是大学文化颇有兴趣，阅读了不少文化学的经典著作，也浏览了几十篇相关的博士论文，本想做做这方面的研究，写一些论文什么的，以防不学无术，虚度了光阴。但实在是时间和能力不及，没有什么研究成果。庆幸的是，与交大文艺青年们合作，编演了话剧《茅以升》、拍摄了几部微电影，创作了几十首校园民谣，在校内有一点影响。在阅读与创作的时候，我也每每会想想自家之事，想想交大之事，于是就有了下面的文字。

一

　　我们这个苦难的学校实在是太苦难了，我们这个伟大的学校又实在是太伟大了。118年，十八次搬迁，十八次更名；118年，弦歌不辍，巍然不倒。是什么让她如此坚韧，如此执着，在风雨飘摇中浴火重生，凤凰涅槃？是文化，交大文化。那么什么是文化，什么是大学文化，交大文化作为中国大学文化百花园中的奇葩又有怎样的魂魄？

　　"文化"最早出自《易经》的"观乎人文，以化成天下"，强调了"文化"的本意就是"人文教化"。实际上，"文化"包括两个层面，也就是有形的知识教化和无形的精神感悟。英国著名人类学家爱德华·泰勒认为：文化或文明，就其广泛的民族学意义来说，是包括知识、信仰、艺术、道德、法律、习俗和任何人作为一名社会成员而获得的能力和习惯在内的复杂整体。学界关于文化的定义有很多，同样大学文化的定义也很多。我借用学者刘新生的观点："大学文化作为社会文化的亚文化，应该是指大学人在大学这个特定的机构中，在大学自身的发展过程中，在与社会的互动影响下，所创造的一种文化形态，是作为社会文化载体而存在的大学内为人所普遍接受并渗透在大学各项教育活动之中的价值观念和精神追求、大学的教育制度结构、作为整体的大学和作为个体的师生的行为准则、大学管理和教育过程中长期形成的符号系统以及能够标识大学个性特征的所有文化现象的总和。"按照这样一个定义，为了集中表达交大文化的个性特征，我把大学文化中的组织结构和制度结构等元素略去（因我国大学的组织结构和制度结构有其广泛的相似性），对"交大文化"做如下的界定：交大文化就是交大人的价值观念、精神追求、行为准则以及处事风格的总和，是交大在 118 年的办学历程中形成并在无形中影响着交大办学的一种特定亚文化形态。我认为这种亚文化形态的内容包括了以下方面。

作为交大人的价值追求，交大文化的目标指向就是"灌输文化尚交通"，或曰"交通天下"。百十八年前，交大和铁路相逢，与交通结缘，兴路救国，育人报国，理想之门隆隆开启；百十八年间，交大或临战乱，或遭灾祸，或遇突变，每逢危急关头，大艰大险的时刻，交大人总能挺身而出，奋起直追，勤勉敬事，为国家，为民族，为铁路，为交通，前赴后继，仗义而行，这一定是有一种伟大的信念在引领，在鼓舞，这信念就是"交通天下"。

我想，这信念来自于交大初创时的中国现实和初创者的远见卓识，在世界交通产业进入铁路时代的时候，山海关北洋铁路官学堂应运而生，那些在当时为国家求自强、求崛起的人把这一信念注入了在山海关和唐山求学的学子心中。这一信念更在 1912 年 9 月 24 日的唐山校园被永远地定格在历史的长卷中。那就是孙中山先生来到学校讲话："国民革命需要两路大军。一路进行武装斗争，建立平等自由的中国；一路学习世界科学技术，改变祖国贫穷落后的面貌。在诸君不能都投身于锋镝之间，况且学习采矿、筑路、建桥，也是为了革命。"因此，吴稚晖先生在为唐院撰写校歌歌词时凝练出了"灌输文化尚交通"，精准概括出交大人的价值追求和高远情怀。

作为交大人的精神依归，交大文化的价值指向就是"竢实扬华、自强不息"。1916 年，范源濂先生为我校题词"竢实扬华"。2006 年，学校把"竢实扬华、自强不息"作为交大精神，其间虽隔 90 春秋，但这一精神的内核从未改变。这内核包含了"爱国至上、振兴中华"的精神，包含了"严谨严格、求真务实"的精神，包含了"爱校如家、敬业奉献"的精神，包含了"开拓进取、艰苦奋斗"的精神。简单地说，"竢实扬华、自强不息"交大精神的内核就是育人报国。这是无数交大人在 118 年的征途上用智慧和心血谱写的一曲曲壮歌的魂魄，这是交大人在无数坎坷、曲折面前峰回路转、柳暗花明的一次次探索的主题，这是新时期交大人面向世界、面向未来的必然选择。这一精神依归，把交大人团结在一起，把交大人凝聚在一起，必把交大人引向更高更远的未来。

作为交大人的行为准则，交大文化的制度指向就是"严谨治学、严格要求"。大学的本真就是治学，就是做学问，学是继承，问是探索。交大118年的办学历史，治学的严谨和要求的严格中外知名，有关这方面的故事不胜枚举。这严谨和严格，既落在了制度上，更上升为一种交大人普遍认同和践行的价值观念，这就是文化了。"严谨治学、严格要求"所产生的育人成果有目共睹，也为交大赢得了卓著的声誉。

作为交大人的处事风格，交大文化的行为指向就是"果毅力行、忠恕任事"。这八个字既是交大校训中的育人要求，也是交大人处事方式的生动写照。历史上和今天的交大人，办事从不拖拉迟疑，从不停留在嘴上和纸上，行之初果敢而坚决，行之中忠贞而不二，行之毕恕道而不争功。正是这种处事风格，使交大人在社会上的立足坚实而宽阔，使交大人在人生的旅途上快乐而充实。

以上就是我对交大文化特征的粗浅认识，而我要以此为题进行言说的真正目的是，今天的交大人是否对我们的交大文化有了文化自觉和文化自信，继而对交大文化进行过文化自省呢？

二

这就需要首先明确什么是文化自觉和文化自信。文化自觉，是著名社会学家费孝通先生最先提出的概念。他认为："文化自觉，就是对文化有自知之明，并对其发展历程和未来有充分的认识。"刘云山同志曾指出："文化自觉是一个民族、一个政党在文化上的觉悟和觉醒。"综观古今中外，一个民族的觉醒，首先就表现在文化上的自觉；而一个国家的强大，很大程度上取决于文化自觉的程度。文化自信，就是一个国家、一个民族、一个政党对自身文化价值的充分肯定，对自身文化生命力的坚定信念。可以说，没有文化自信，就不可能实现文化自强。所以，一个国家、一个民族的强大，离不开文化自觉、文化自信。同样，建成一流大学不仅要有一流的人才、一流的师资队伍、一流的科研成果，更必须体现出一流大学的文化精神、文化自觉和文化自信。

我以为，交大文化是在历史的长河中所有交大人的精神家园，也是引领今天所有交大人建设一流大学的精神动力。对交大文化的自觉与自信既是建设高水平研究型大学的需要，也是凝聚交大人朝着这一奋斗目标前行的必然要求。那么，我们是否已经有了对交大文化的自觉和自信了呢？我看不尽然。

在今天的交大，文本中每每充斥着"竢实扬华、自强不息"，"严谨治学、严格要求"等字句，但通俗易懂、精辟精准的解释常常缺乏；学生们唱着"灌输文化尚交通"的校歌，念着"果毅力行、忠恕任事"的校训，但很多人却不知其真意，因此，对交大文化的理解尚属肤浅，何来对交大文化的自觉与自信。在今天的交大，自怨自艾的调子时有耳闻，这既是交大人危机感与责任感的使然，也反映了交大人对自己和未来不自信的彷徨与惊悸。因此，对今天交大的不自信，实际上是对交大文化强大生命力的怀疑。文化的生命力在于她的历史传承力和现实生长力，交大文化的强大就在于她总在历史的变迁中有一种愈挫愈强的蓬勃力量。所以，当下的埋怨与彷徨，反映了交大人的文化自觉和自信还有些缺乏。

在今天的交大，一些现象也反映出文化上的不适应、不协调、不科学。譬如，工科背景和工程师培养模式引致的交大人的工具理性胜于价值理性；传统铁路管理机制和相当长时期偏远地区办学引致的交大人的自傲情绪与封闭思维方式；屡屡搬迁与建设的匆忙引致的交大人的系统考量缺失与战略远见的缺乏；北方文化的粗放与蜀地文化的闲适引致的交大人的办事作风大而化之与生活态度崇尚安逸，等等。这些不适应、不协调、不科学既是交大文化中需要革除的弊端，更是交大人需要进行文化反省的要害之处。

所以，交大的新发展，需要放眼世界而自省；交大的新跨越，需要植根历史而自强。文化的力量强大而磅礴，文化的传承绵延而自新。今天，在建设世界一流高水平研究型大学的征程中，交大和交大人正在奋力前行，我想，对交大的文化自觉、自信、自省皆有必要，更有深远的意义。

首先，交大人的文化自觉既要从交大的历史中去汲取精华，更要从现实里去寻找，要把对交大文化的自觉上升为共同奋斗的信念、信仰，执着地去为之奉献和牺牲，把"交通天下"的使命深深扎根于心中。其次，交大人的文化自信既要排除那些迟暮的眼光，更要看到交大文化孕育的成果已经被历史所证明，交大文化的生命力永远向上而坚定，永远蓬勃而光灿。对交大文化的自信，就是对交大发展的信心、决心和勇气，这一点都不能动摇和怀疑。最后，交大人的文化自省需要有世界的眼光和战略的远见，对那些落后的观念敢于批判，敢于反对，更敢于扪心自问。

这就需要把文化建设作为交大未来发展的重要工作来抓，学校已经下发了文化建设的规划纲要，时下更是在全校倡行"做成文化"，倡导"经典阅读"，我想一种交大文化的新理念、新风尚正在全体交大人的实际行动中孕育生长，这应该是我们这个伟大学校光辉前程的新起点。文末，我想用我最近创作的一首歌结束这篇文章，歌的名字叫"我的交大我的梦"，歌词如下：

天苍苍\北国风光\你在渤海之滨如我的白发亲娘\地莽莽\灵秀无双\你在天府之国是我的锦绣书香。天苍苍\日月翕张\你的魂魄在辗转跋涉中愈发坚强\地莽莽\桃李芬芳\你滋养了一茬茬顶天立地的栋梁。

我的交大我的梦\我的爱恋我的痛\我的交大我的梦\我的明天我的光荣\阳光把风雨变成彩虹\跟着你我步履从容\一辈子相依炽热相拥\我的血脉流淌你给的中国红。岁月把风霜变成笑容\跟着你我心永恒\一辈子相依炽热相拥\我的血脉流淌你给的交大魂。

路宽广\春风浩荡\向前闯\站在你肩膀\心向往\追逐我梦想\一路花开\一路奔放\胜利在前方。

高 凡

【作者小传】

高凡，女，1968年生于四川省邛崃市，图书馆学博士，研究馆员，现任西南交通大学图书馆馆长，教育部高校图书情报工作指导委员会委员，中国图书馆学会大学生阅读委员会副主任，四川省高校图情工作委员会副秘书长。

主要研究方向为图书馆管理、信息资源建设、信息检索。主持、主研国家级、省部级课题十余项。主持国家级精品课程、国家级精品资源共享课程"信息检索"。出版专著《网络环境下的资源共享——图书馆联盟实现机制与策略研究》，主编《图书馆变革与发展》等图书情报丛书7册，公开发表论文40余篇。曾获四川省哲学社会科学优秀成果二等奖。

作为一个图书馆馆员，我希冀让阅读成为一种习惯。作为一个书籍爱好者，我期望让"悦读"演化为一种生活方式。作为一个交大人，我更渴望让"越读"接驳交大"竢实扬华"的百年传承。

唤醒历史的世界

第一次读斯塔夫里阿诺斯的《全球通史》（上海社会科学院出版社，1999），还是北京大学的一名学生。记得某个周日，照例到位于胡同深处的万圣书园淘书，在那间书籍琳琅的小店堂里，荡漾着轻柔的音乐，不经意间瞥见《全球通史》，便随手翻开。这一翻，竟手不释卷，驻足停留，心意全到了另一个世界。禁不住惊叹，原来历史书还可以这样写，原来读通史并不是件累人累心的事啊。那些似乎学习过的名字、地点、事件，被一

《全球通史》，（美）L. S. 斯塔夫里阿诺斯著，吴象婴、梁赤民、董书慧、王昶译，北京大学出版社

种奇妙的叙述方式渐渐唤醒。和许多人一样，我的历史观是在应试教育模式下塑造出来的。回想自己中学时代所学习过的历史，就像是图书馆传统的一排排目录柜，拉开每一个小小的抽屉，一张张卡片都清晰地标注着时间、地点、人物、事件。每一张卡片我都熟读多遍，了然于心。可是我却始终不清楚不明白这些卡片和卡片之间、抽屉和抽屉之间有着怎样的关联，有着怎样不为人

知的隐秘的通道。这些静态的、割裂的、片断的历史在我脑海里无论如何都不能构成一幅波澜壮阔的历史画卷。而这本让我无法放下、恨不得一口气读完的《全球通史》，却让我第一次能把那些历史片断、事件串成完整的珠链，让我看到了以前从未明白的完整的、动态的世界历史。那种发现目录柜里隐藏着的秘密的喜悦心情长久地占据我的心，为此，那一段时间都为自己读到了一本好书而沾沾自喜。

在《全球通史》中，斯塔夫里阿诺斯尝试跳出"西欧中心论"，取"全球史观"的新视角，"就如一位栖身月球的观察者从整体上对我们所在的球体进行考察时形成的观点，因而，与居住在伦敦或巴黎，北京或新德里的观察者的观点判然不同"。它改变了世界史研究中"西方中心论"的传统取向，把世界史作为一个有机体，以全球性视野研究影响当下的重大历史事件，因而既能通透纵览，又与当下全球化的现实密切相关。读此书时正值新千年来临之际，全球化的进程和我国的改革开放同步、互动，这种现实也让我们不得不从世界的视角来审视中国自身的现实问题。稍具常识的人，都能明了我们不能再拒绝世界，我们只有以更加科学和全面的眼光看待全球及其历史，才能看清楚这个地球正在发生的重要事件，才能感悟到世界可能走向的未来。《全球通史》中文版的问世，无疑是给我们打开了一扇窗口，使我们有机会全面客观地了解世界历史的发展和趋势，得以"思接千载，视通万里"。

2010 年，在成都举办的第二十届全国书博会上，我带着儿子闲逛，感受书展的氛围，淘点自己喜爱的书。蓦然间一本书映入眼帘，那就是《新全球史 ——文明的传承与交流》（杰里·本特利、赫伯特·齐格勒著，魏凤莲等译，北京大学出版社 2008 年版）。

当看到封底介绍，"与斯塔夫里阿诺斯等老一辈史学家不同，本特利教授倡导的是一种新的世界史观，突出了人类历史上两个主题——'传统'和'交流'"时，心里一动，毫不犹豫地将之收入囊中。细细品读之后，不得不承认，杰里·本特利和赫伯特·齐格勒的《新全球史》切入点很巧妙，它用了一种看待历史的新视角，即从文化的角度关注个体社会的组织、维持和衰落，关注交通运输、贸易往来和交互影响等能够维系某个社会组织与其相邻组织和周围更广大地区联系的手段和方式。

读《新全球史》已少了当年初读《全球通史》时的激动、兴奋与昂扬，多了理性、审慎与思考，反而有助于我以审视、对比、批判的眼光去看待书中的每一个细节。由于《新全球史》自始至终都以"传统"和"交流"这两个主题来对人类历史的发展做出解释，尤其是对文化"交流"的阐释，几乎在每一章节里都会看到不同文化之间的联系，更有助于让我了解世界范围内多种文化交融的过程和它们曾经在世界历史变化中所起的作用。也正因为如此，我将《新全球史》与《全球通史》比对翻阅，从中找出一些重要的事件、关键的历史时段和地区，对比两家之说，便有了新的发现。从不同的视角对同一事件进行分析，探究世界各民族生活和经历的各种政治、社会、经济和文化传统的发展，让我对世界及世界历史的发展有了全然不同的理解。

有人说"在合适的时间读到一本合适的书，是人生一大幸事"，能够重读《全球通史》，对于我来说也是一件幸运的事。2013年年末的一天，朋友拿出一本《全球通史——从史前史到21世纪》（斯塔夫里阿诺斯著，吴象婴等译，北京大学出版社2012年版）。粗略翻看，无论是章节的编排组织、插图的应用，都和我曾经看过的《全球通史》大相径庭，以至于我很肯定我没有读过这本书。及至细看一两页内容，才恍然明白，这就是 10 多年前那本让我爱不释手的《全球通史》啊。只不过，现在已经是第七版了。这样的好书岂能让它从我指缝中溜走？两周的空余时间全部贡献于此书，在旧版、新版中辗转反复，既有老朋友的熟稔，也有新朋友带来的惊喜。惊喜之处在于，在第七版中不仅仅是副标题统一为"从史前史到 21 世纪"，而且许多章节的内容都做了调整和简化，更增加了新的原始文献资料及数百幅照片和地图，使得书的内容更加丰富、完整，也更适合像我这样的非历史学专业人士阅读了。对于这个新版本，斯塔夫里阿诺斯认为："每个时代都书写它自己的历史。不是因为早先的历史书写得不对，而是因为每个时代都会面临新的问题，产生新的疑问，探求新的答案。这在变化节奏成指数级增长的今天是不言自明的，因此我们需要一部提出新的疑问并给出新的答案的新历史。"因为作者有如此的认识和胸怀，第七版的现实意义更为显著。

《全球通史》，（美）L. S. 斯塔夫里阿诺斯著，吴象婴、梁赤民译，上海社会科学院出版社

阅读此书时，我常常惊讶地自问，这个句子、这个观点为什么在我第一遍阅读时没有注意？也许当时我看过了，却没有此刻那么强烈的感受。这样的阅读经历更印证了，一本书第二遍第三遍再读，总会发现读第一遍时的很多疏忽之处。而且最精彩的句子，往往要读几遍之后才发现。我也深切感受到，我这次的阅读重点不在于全球史观，不

在于贯穿历史的那条线，不在于文化的变迁，而应更注重历史与现实和未来的联系，注重技术对历史发展的影响。这也许是因为随着年龄、经历、阅历的增加，读书的关注点有所变化，读书的感悟也有所不同吧。书常读常新，经典的书值得我们一读再读，每一次阅读都会有新的发现，新的收获，这正是经典阅读的魅力之所在。

历史书籍的一个重要作用就在于以今察古，以古鉴今。读历史，读那些过去的事，不是为了让我们感叹历史的偶然与结果的必然，不是为了让我们对历史人物品头论足，而应该让我们明白从历史中我们学到了什么，有什么责任是我们当代必须担当的。斯塔夫里阿诺斯的《全球通史》第七版并不是简单地堆砌史料，叙述过去所发生的事情，而是把重大历史事件和现实联系起来，以"历史对今天的启示"的方式，帮助我们对生活在其中的当今世界的来龙去脉有一个基本的了解，帮助我们理解过去、现在和未来之间的内在联系。因此，在读书过程中我们就会不自觉地在过去、现在、未来这三个时空中交叉转换，由此形成自己的判断和思想。就如同阿诺德·汤因比所言："《全球通史》给了我强烈的现实感：它是救治我们现在所面临的由于陶醉于技术进步而产生的深重的精神危机的一种思想武器；它有助于人们理解未来——包含各种可能性和选择的未来。"

能这样读历史，历史自然就不再是一串串枯燥乏味的流水账，而是变成了在目录柜的卡片中搜寻线索，在抽屉间查访通道的过程；能这样读历史，当然也就摒弃了冗长琐碎、重复枯燥的单纯记忆，而是变成了探究、追问、思辨、明智的过程。这过程让人意味到，历史虽宏阔辽远却不离此心此在，历史的世界和思维的世界交融之际，便是自我存在的基点和价值。

恍然十年，无意间的三次阅读，三度将我带入人类历史的大视界，每一次都重构了我对这个神秘世界的遐想，并让内心和这个世界挨得更近。

徐旭阳

【作者小传】

徐旭阳，女，汉族，1994 年生于河南焦作，爱好画画、跑步、轮滑，现就读于西南交通大学艺术与传播学院 2012 级传播学专业（本科）。

有一个姑娘她有一些任性，她还有一些嚣张。有一个姑娘她有一些叛逆，她还有一些疯狂。没事画画小画，反正醒着也是醒着。没事看看小书，反正闲着也是闲着。喂，是哪个姑娘呀？哈，我就是这个姑娘。整天神神经经，碰到风儿就起浪，也曾迷迷糊糊大祸小祸一起闯。也梦山山水水，敢爱敢恨走四方。我就是这个姑娘。

长大之后的伊索寓言

《伊索寓言》，（古希腊）伊索著，罗念生等译，人民文学出版社

古代希腊曾传下一幅陶器画，画的是一位老人弓背而坐，在给一只狐狸讲故事。老人身躯瘦削，大脑袋，翘鼻子。一般认为，这位老人就象征着伊索。历史的风沙尘埃之下，湮没了很多伊索本人的资料，今人对他的了解不多，而他讲述的寓言却在时间大浪之下，闪耀在文学的长河中。

第一次与他相遇，我还是个小学生。连懵懂都称不上的年纪，稚嫩眼睛看到书里的满是"狐狸""蛇""农夫"。如今重逢这位老友，风景却已不似从前。书旧了，封面的覆膜都有了破损，我这双眼都安上"玻璃窗"了。

手中的这本《伊索寓言》由一百五十六则寓言汇集而成。篇目短小精悍，少则数十字，多则不到三百字。故事内容丰富，主要是一些动物故事，同时也有一些植物故事、神话传说故事和人们日常生活的寓言。在故事中可以体验出这是作者对日常生活的入微观察和细致体会的结晶。儿时好奇小动物的有趣对话，现在却不得不感叹故事中的精妙智慧。文中很少有人物形象和场景描写，多采用客观直述的方式。叙述简洁，主题清晰，极少的修饰描述反而留下了广阔的想象空间。

一、一千个人不止一千个伊索寓言

每则伊索寓言下面都有一个极短的"教训"，有的确实令人感觉豁然开朗，有些却有牵强附会之感。从古希腊流传下来的古老寓言难免会有时代的印记，大可视其为古代材料，再为其写一篇自己的"教训"。

一千个人就有一千个哈姆雷特，但是一千个人却有不止一千个伊索寓言。寓言以其精练浅显的语言揭示出深刻丰富的寓意。一篇寓言便可引起几种不同的感悟，就像万花筒，旋转一个角度，又是另一个色彩缤纷的世界。

小时候读书，总视其为权威，拼命理解那些"教训"。却也实在无法理解"高大上"的思想。而今再读又读懂了几分。的确，当人生可以用"十年前"这样的长度单位来衡量的时候，我也终于可以说人生的阅历增进了不少吧。读书重在领悟，而不是得到"教导"和"训诫"。所谓尽信书不如无书，说的也是这个道理。扔掉了"尽信书"的坏毛病，开始从自己的角度出发，理解这些寓言。那些小狐狸、小狼、小蛇的故事，也终于变成了你、我、他和她的故事。不再如小时候那样，在床上打着滚，四仰八叉地乱翻书上的插画。而是端坐在书桌前，安安静静地在脑海中回顾，我是不是做过背盐过河的驴子或吃不到葡萄的狐狸？

手中握着的笔杆时不时晃动起来，在寓言结尾的"教训"处写下一个"不"字，开始扬扬洒洒自顾自地写下自己的感受。我们是独立生存的个体，在这个世上的所遇不尽相同，自然生出不同的见解。也许读寓言相比于读其他文学作品，更需要读者在自己的经历里进行一场旅行，背包里是记忆，旅程上是曾经，收录的是经验。

二、中国寓言希腊版

地球的另一端，同为文明古国的中国，也有很多趣味隽永、寓意深长的寓言故事。再读《伊索寓言》，发现很多中国寓言的希腊版。天性拥有天鹅那样歌唱本领，却偏执地要学马儿嘶鸣的希腊版"邯郸"——鹞子。周围没有任何危险，却在拼命磨牙的希腊版"砍柴工"——野猪。为了猎物打架，却让狐狸捡了便宜的希腊版"鹬蚌"——狮子和熊。

文明古国的"默契"，更使我惊叹于先人的智慧。它使我们得以站在巨人的肩膀上，反省自身，以这些寓言故事为借鉴，追求真善美，鄙弃假丑恶。

与中国古代寓言的说理教导不同，《伊索寓言》的故事更多涉及对人性的反省。

《伊索寓言》，（古希腊）伊索著，吴健平、于国畔译，上海译文出版社

书中一则题为"苍蝇"的寓言写道：有座库房里的蜂蜜漏了出来，许多苍蝇飞来吃。由于蜂蜜比水果更甜美，因此它们都不想离开。它们的脚陷进了蜂蜜后，就再也飞不起来了。在快要淹死时，苍蝇们说道："我们真不幸，由于贪图一时的享受而丧命。"其后的"教训"是这样写的：对于很多人也是这样，美食常常成为不幸的根源。

"美食"太多，我们常挡不住诱惑。

不是采食了鲜艳的蘑菇中了毒，就是贪吃了可口的饭菜发了福。佛教中把"贪、嗔、痴"称为"三毒"，是人生一切痛苦的根源。《伊索寓言》中则把"美食"归结为不幸的根源，这同样是对人性的深省。

《伊索寓言》，（古希腊）伊索著，王焕生译，人民文学出版社

我们从小便熟知的那些寓言形象——吃不着葡萄说葡萄酸的狐狸；挂在人胸前、装满别人不足的口袋；一心想学飞翔，却从高空摔死的乌龟，这些都是自省和对人性的反思。

伊索没有写一本《人性的弱点》或者《你不可不知的人性》。他简洁却深刻的寓言虽寥寥百字，却已足以震撼人心。

这毕竟是古代的寓言，我阅历积淀得也还不够厚。再次读来，许多篇目依旧难以读懂。文中的一些观点带有浓厚的古希腊风格，观点或批注也有少许牵强附会。

《伊索寓言》已经不再是我儿时的床前读物了。它久久地被我束之高阁，而今拿下，已满是尘埃。重读一本书的感受不似故地重游，少了物是人非的感慨，多了旧人新衣的喜悦。经典需要重温。生命的阅历在书页中发酵，越酿越醇厚。储存年岁不同，味道不一。

你，是否愿意重走这段，也许在儿时嘻哈笑闹奔跑而过的路呢？我相信，它会给你另一种风景，阳光下，另一番花香。

马 跃

【作者小传】

马跃，女，汉族，1993年生于河北张家口，爱好写作，在无知中自我更新，现就读于西南交通大学艺术与传播学院 2012 级汉语言文学专业（本科）。

从北方小城辗转至天府之国，就读于西南交通大学中文系，南方泽国的细腻空灵令我沉醉。文字世界是我的精神憩园，在阴郁的天色中，带来一抹光亮。好读书，但不求甚解，偶尔离经叛道，学然后知不足，只求在无知中自我更新。爱出行，所谓正是蓉城好时节，不妨游衍莫忘归。爱生活，爱大学之自由。

知己相感，妙悟人生

——我的一点《红楼梦》阅读体验

世间真有痴人，只道"女儿是水作的骨肉，男子是泥作的骨肉"；世间真有珍重，一句"既有今日，何必当初"便胜过万语千言。《红楼梦》拈来一句，便令人心神驰荡。古人所谓"食色，性也"，而这泥与水的譬喻却并不止于色性的怜香惜玉，苦涩的表白中更蕴含着一份知己相感的情意。这时我才知道，这世界上的珍重事还有比小小的爱憎更大的，一切都要从这里出来，人生才有归宿。

《红楼梦》，曹雪芹、高鹗著，俞平伯校，启功注，人民文学出版社

前阵子王蒙站出来说："《红楼梦》读不下去是读书人的耻辱。"依我所见，《红楼梦》当读，但不必上升到"耻辱"的高度。要给这部作品贴上些华丽的标签并无难度：近代学者王国维奉之为"悲剧之悲剧"，鲁迅认为它打破了传统思想与写法，张爱玲五详红楼而成"梦魇"……这些对于作品的推崇虽使之成为几乎无法颠覆的经典，但也会拉远它与我们的距离而使之更易被束之高阁。姑且不论世人乃至所谓"红

学"对于《红楼梦》的是非争论，作为一名普通读者，我更愿回归作品本身，暂时忘记它承载的是非评判，仅说说个人的阅读体验。

少年怀春读红楼，便见流连情意；深藏功名读红楼，或寻富贵气象，始见成败深微。《红楼梦》最为人津津乐道的或是其木石姻缘。宝黛二人惺惺相惜，却未能结成琴瑟之好，"相爱却不能在一起"的命题在曹雪芹笔下再次成立，留下千古遗恨，令人扼腕叹息。中国古典爱情历来以才子佳人的模式开展，即使是宝黛二人偷偷阅读的《西厢记》，也并未能脱离男才女貌、一见钟情的模式。而《红楼梦》中的木石姻缘却不尽如是，它先是有着前世的因缘：灵岸河边，三生石畔，那绛珠仙草感于神瑛侍者的雨露之恩、知遇之情，乃脱去草木之形，随之下凡历劫，用一世的眼泪来还他。遂得见今生的遇合：贾宝玉、林黛玉二人惺惺相惜，却无疾而终。前世因缘，今生难求，但他们的爱情并不沉溺于美色与爱欲，宝玉和黛玉之间，更是一种知己相感的情意。

第二十七回中，宝玉见落花无人收拾，便知黛玉"心里生了气"，闻黛玉作《葬花吟》，一句"既有今日，何必当初"便胜过千言万语；第三十四回中，宝玉挨了打，黛玉前去探望，满面泪光，后来宝玉托晴雯给黛玉送旧帕子，晴雯不解，黛玉却"不觉神魂驰荡"，两个人的苦心苦意令人动容。黛玉和宝玉，爱得那么深切，也不曾说过一句"我爱你"。所谓爱情，未必要两人当面死去活来，歇斯底里，更多的时候，爱是两个心的显示过程，一个眼神，一个手势，懂的人自然会懂。

要问书中我最欣赏之人，非宝钗莫属。有人说她老成世故，或把她置于所谓三角恋情的一角，乃至多了几分贬意。但《红楼梦》的世界远比我们想象中"单调"，阅读中常常见到的情景是，富丽堂皇的大观园里，少爷小姐甚至丫鬟们或吟诗作对，歌咏富丽；或感于哀乐，伤春悲秋（这种写法或许对巴金创作《家》产生了影响）。那些儿女，具有她们美丽的"女儿性"，就像宝玉所说的："女儿是水作的骨肉，男子是泥作的骨肉。"生活在大观园中的宝钗，同样具有这样的女儿性，脂砚斋评宝钗："历着炎凉，知著甘苦，虽别离亦能自

《红楼梦》，曹雪芹、高鹗著，古木校点，上海古籍出版社

安，故名曰冷香丸。又以谓香可冷得，天下一切无不可冷者。"乃是宝钗独特动人的性情。

宝钗食"冷香丸"，而她本人亦在众芳国中散发出一抹冷香。《红楼梦》第四十回中，刘姥姥进大观园，来到宝钗的闺房中，只见一色玩器全无，桌上只有一个土定瓶，其中只有数枝菊花，并两部书，茶奁茶杯而已。床上只吊着青纱帐幔，衾褥也十分朴素。宝钗的蘅芜苑仿佛"雪洞一般"。在贾府中，她简直是最早体悟到"白茫茫大地真干净"的人。宝钗具有天然的悟性，第一百一十八回中，宝玉赶考，临走时候交代"后事"，众人满是依依惜别的伤感，唯独宝钗不觉听呆了，暗暗流泪，而他人仍然纳罕，送行之人中只有宝钗听清了宝玉的不祥之言。宝钗性情清冷，却也足够冷静清明。她不争，行事中处处践行着允执厥中之道。第四十五回中，宝钗细语宽慰寄人篱下的黛玉，此后为她送燕窝，二人结成金兰之情。第四十七回中，薛蟠惹事，宝钗又贴心安慰既气愤

又担忧的母亲。怡红群芳开夜宴，众人行酒抽花签，宝钗抽到一枝牡丹，题曰："艳冠群芳"，这绝非曹雪芹的随意之笔，她天然的悟，她的晶莹透彻，都不负这"任是无情也动人"的诗名。

王国维说《红楼梦》是"彻头彻尾之悲剧"，这里姑且不论他对于康德、叔本华等人哲学观点的借鉴，仅就这样一个说法就断章取义。在《红楼梦》中，那些痴心儿女并不曾作恶，也没有突发的天灾从中作梗，我们看到的是真实的生活与人类无法回避的命运。无论是宝玉黛玉二人姻缘的无疾而终，还是众女儿的散落归属，无论是倒头来一场空的徒劳追求，还是贾府富丽堂皇毁于一旦的败落，都逃不开命运的轮回。这里有前世的宿命，三生石畔那还泪的报恩，衰落前那一把大火，都可谓"草蛇灰线"，伏延千里而不绝。而那命运就静静地来临了，世间好事不坚牢，彩云易散琉璃脆，当一切呈现出凋敝之色，便只见千红一哭，万艳同悲，这样缓缓的伤痛更加令人感到绝望。在此，我们不妨以曹禺的《雷雨·序》做一个注脚："他们怎样盲目地争执着，泥鳅似地在情感的火坑里打着昏迷的滚，用尽心力来拯救自己，而不知千万仞的深渊在眼前张着巨大的口。他们正如一匹跌在沼泽里的羸马，愈挣扎，愈深沉地陷落在死亡的泥沼里。"

《红楼梦》，曹雪芹、高鹗著，裴效维校注，作家出版社

然而一部中国式的伟大悲剧，却成为了中国人丰富的理想国与精神家园。张爱玲说："偶遇拂逆，事无大小，只要详一会《红楼梦》就好了。"我想，《红楼梦》或许为中国人提供了另一个

世外桃源。在那贾府的大观园中，那些痴儿女各自安于他们的生活，他们的生活是典丽的，是中国式的精致古典。黛玉偶吟西厢句："每日家情思睡昏昏"，便有一幅美人倦卧的画卷，其中带着慵懒和从容。那贾府的摆设都是极考究的，雕梁画栋，檀木琉璃，目不暇给；那儿女的装扮亦是考究的，金螭璎珞，红丝盘发，还有那些结社而作的诗，引用花木，草木亦有情，真是雨打梨花，吟风弄月，书纸页中的铅字仿佛都变成了金色，一个个珠圆玉润。古人推崇"乐而不淫，哀而不伤"的境界，便仿佛有幽微的古风吹来，扑面不涩——中国最高境界的审美总有精神上的大度雍容。

"长的是磨难，短的是人生"，生活的琐碎时时令人窒息，但无论如何抱怨或是自怜，只消读一会《红楼梦》便忘却了大半。许多年前，不知第几次读《红楼梦》，我在空间更新了自己的签名："经典永远无法超越，因为它承载了太多与之有关的沉甸甸的记忆。"现在想来，这些记忆或许不只存在于个人的阅读体验，它存在于千古相似的命运里，并深深根植于我们民族对于古典之美的记忆中。

苏 晗

【作者小传】

苏晗，男，汉族，1992 年生于江苏赣榆，爱好看书，就读于西南交通大学地球科学与环境工程学院环境工程专业（本科）。

一名普通的地学本科学子，喜欢像茶叶一样泡在图书馆，大学目前学习成绩尚算优异，生活中大多数的时间还是喜欢看书。所看的书不限于专业，希望读书促进自己的思考。期待多参加志愿服务活动，期待自己每天都能进步。

半个世纪之间

——读《寂静的春天》

这本书竟然已经走过了半个世纪。半个世纪之后，其实这本书没有那么难读。很多人看这本书都有这样一个感觉："书中的观点半个世纪之前可能真的很震撼，但是在今天，看起来却比较平常"。看完这本书也觉得或许它更像是一本毒理学的书，书里面绝大部分的篇幅都是在说明某种化学物质是如何产生的，怎么得到应用，然后怎样危害了自然环境。最后针对化学方法的滥用，提出了生物治理的方法。然

《寂静的春天》，（美）蕾切尔·卡森著，吕瑞兰译，科学出版社

而如果这本书仅仅如此平常，讲述的也仅仅是人类使用杀虫剂的过程和寻求替代品的过程，那么它也不能在半个世纪之后，仍旧经常被人所提起。

"这是一个最好的时代，这是一个最坏的时代"。在《寂静的春天》之中，看到了这个时代最坏的一面。书是在对未来的想象

之中开始的。未来是什么样子的？很长时间里，我们的回答都是未来会更加繁荣，出现机器人，科技发达，生活条件会越来越好。如果追溯到 500 年前，问问当时的人，未来是什么样子的，他们可能说是一个大同的世界。田松在对这两种回答的分析中认为，500 年前，人们对于未来的设想是精神的，是精神方面的期望，而现在的回答则是对物质条件方面的期望。所以其实对未来的一个设想，能看出一个时代的态度，更可以看出一本书的态度。

经常我们只会说，这是一个最好的时代，认为这个时代的"缺点"也终究在发展中解决。这种想法的一个预设是认为这个时代本来就是正确的。如果不认为这个时代是正确的话，那么这个时代的缺点将不可能在未来的发展中被解决。同样，问问过去的时代是什么样的，我们可能认为过去的时代是一个没有开化的时代，这句话隐含的前提也是默认这个时代是最好的时代。我们都在不自觉地用自己的时代看其他的时代。哥伦布发现了新大陆，这本来就是欧洲人的历史，印第安人不以为然，因为他们本来就生活在那里，为什么要被发现呢？不过，如果问第三个问题，这个时代为什么是最好的时代，很多人的回答却是，因为这个时代比以前未开化的时代进步，因为这个时代必将克服自己的不足，走向更好。但这三个问题的回答，总的来看，却仅仅是个循环论证罢了。其实，没有哪一个时代能够自信地说"我是'先进'的"。就像对于未来的设想，现在虽然科技进步了，物质条件更是前所未有，然而环境问题凸显，同时大多数的研究却发现幸福感、人类整体的健康度都在下降。过去的生活条件不好，但是我们也同时看到，过去的人更像是生活在精神世界里。抽象一点来说，没有哪个时代能成为历史的"本体"，就像萨义德在《东方学》中所指出的，无论是"东方"这一用语，还是"西方"这个概念，都不具有本体论意义上的稳定性，两者都是由人为努力构成的，部分地在确认对方，部分地在认同对方。

当对现在生活的时代不那么盲目地相信和崇拜的时候，正是卡逊思考的开始。卡逊也提到，杀虫剂的问题也只是在最近十几年才凸显的。必须要注意的是，近 100 年来，人类对于地球的改变超过了以前人类历史的总和，我们所面临的种种环境问题也是前无古人后无来者的。所以不禁要问的便是，现在我们的历史进程，近 100 年来的历史进程，不是美国的、中国的、欧洲的、非洲的，而是整个人类的文明进程是否是正确的呢？正是杀虫剂所带来的问题，才使卡逊去思考这几百年来的背后究竟发生了什么，人类的观念究竟发生了什么样的变化。

卡逊一开头对于未来的设想是如此的黯淡，因为她已经探讨到了这背后的变化，并感觉到了改变的阻力。在卡逊以及半个世纪以来的哲学家、社会学家的眼中，一个主要的变化在于"对自然界受威胁的了解至今仍很有限。现在是这样一个专家的时代，这些专家们只眼盯着他自己的问题，而不清楚看这个小问题的大问题是否褊狭"。在《寂静的春天》问世近 15 年之后，《令人不安的美国》更露骨地指出："现代性的通病就在于专业化。"专业化诚然会促进对于某个领域的最大效率的研究，但是由于专家仅仅是对一个领域的了解，却全然不考虑这个领域之外的因素。维纳认为，历史上最后一个百科全书式的人物是莱布尼茨，自从学科分类进程开始，这样的人几乎没有出现过。在专业化的角度上，可能农业专家考虑的只有一件事情"效率"，即最低成本、最大量地生产。这也是因为专家们依赖于那些要求为其服务提供金钱的人，因此在一个专业化的社会中，人们也变得倾向于以货币作为他们评价时间与政策的标准。而专家这样的转变，也恰恰印证了《知识分子论》中对于当代知识分子功利化现象的讨论。就是近代这种社会上的变化，导致了杀虫剂的滥用、河流的任意改造、水资源的破坏、空气污染等化学家、工程师意想不到的问题。

其实如果仅仅是因为专业化，那这个时代还不足"最坏"，隐藏在专业化背后的，是认为我们可以改变这个世界。经常我们会说，一个人不能改变环境，只能改变自己，但是如果说人类不能改变自然，却得不到大多数人的认可，当然很多环保人士也是这样认为的。《地球目录》杂志的创立者、著名作家斯图尔特·伯兰特在其演讲《四个有争议的环境学说》中仍然提到，"请记住，我们就是上帝"。人类可以利用自然，改造自然，其实也就是在认为，人是自然的主体，人是一种高等动物，人可以按照其想要的方式，去从自然中攫取资源，但卡逊则说"控制自然这个词是一个妄自尊大的想象产物"。在西方，

《寂静的春天》，（美）蕾切尔·卡森著，吕瑞兰、李长生译，上海译文出版社

这个观点可能从古希腊时期的普洛泰戈拉的"人是万物的尺度"就开始了。到了《圣经》中，发展成"我们要照着我们的形象，按着我们的样式造人；使他们管理海里的鱼、空中的鸟、地上的牲畜，以及土地，和地上所有爬行的生物"。这样的哲学观点直到近代由于环境问题的出现，才得到了反思，目前有学者认为，虽

然西方的发展是从强调人的主观能动性开始的，但这也把社会的发展引向了误区。人本身其实和其他生物是一样的，人之所以认为自己是自然的中心，可能是因为《所谓高等人类》提到的"生物会自然而然地珍视他们自己的特征，这导致人类误以为自己高其他物种一等"。这种对人类中心主义的讨论，继而有对生态中心主义、女权主义等的讨论，同样得益于《寂静的春天》中的观点——"我们必须改变我们的哲学观点，放弃我们认为人类优越的态度"。

但正确的观点应该是什么样的呢？如果人类的生存和自然环境的保护相冲突，应该怎么协调？经常，"我们冒着极大的危险竭力把大自然改造得适合我们心意，但却未能达到目的！"现代的环境协同论认为对自然好就是对人类本身好。如果在所有的决策中能注重自然本身，那么人类才能受益，毕竟人也仅仅是自然中的一部分罢了，也其实就是我们经常听到的，要敬畏自然。宫崎骏在《风之谷》中就传达了这样的观点，虽然影片中的森林是有毒的，虽然森林中的甲虫是狂暴的，但是这种有毒和狂暴却也仅仅是大自然为了应对污染所进行的自我进化。自然眼中没有什么是不好的，没有什么是对、什么是错，而所谓的有利、有害，都也只是在人类自己的角度上来看的吧。

《难以忽视的真相》的主演，曾经的美国副总统阿尔·戈尔认为："无疑，《寂静的春天》的影响可以与《汤姆叔叔的小屋》相媲美，两本珍贵的书都改变了我们的社会"，因为"《寂静的春天》犹如旷野中的一声呐喊，用它深切的感受、全面的研究和雄辩的观点改变了历史进程。如果没有这本书，环境运动也许会被延误很长时间，或者现在没有开始"。其实也就是在蕾切尔·卡逊这样的呐喊之下，不仅仅是环境领域，也不仅仅局限于环保运动，整个时代，各行各业，忽然都惊动了，都认识到要真的从一个历史的角度，一个对于后代、对于整个人类文明负责的角度，重新审视人类自己。

蕾切尔·卡逊在写《寂静的春天》的时候，还忍受着切除乳房的痛苦，在书出版的两年后，就逝世于乳腺癌。她是一个真正在用生命写作的人，而在她逝世之后的 50 年中，她的思想得以成长，以至于在现在的几乎每一部电影中，都能看到卡逊的影子，虽然还有太多的东西有待改变，等待着我们这代人去实现。

最后，谨以此纪念蕾切尔·卡逊逝世 50 周年。

李诗月

【作者小传】

李诗月，女，汉族，1994年生于四川省宜宾市，好阅读、写作，信奉"尽吾志也而不能至者，可以无悔矣"。现就读于西南交通大学峨眉校区土木工程系2012级（本科）。

相信阅读的力量可以开启思维的窗，相信阅读的世界里有投向远方的光。诗书词赋，古今妙谈，纷繁万象，皆喜爱。文字跃然纸上，思想力透纸背，每一本书都寄居着一个神圣的灵魂。让阅读成为习惯，让书籍指引未来。

生如夏花

——读《飞鸟集》

有一种美，能放进你的背包，住进你的心扉，与你的俗世生活相伴相随。像点燃一堆看似无用的枯叶，生命暗淡后留下的残骸在最后的燃烧中照亮世界。诗人泰戈尔发现了这般清丽脱俗的美，他把它带到诗句里，镌刻在纸张上，像把铭文刻上铜鼎。一百年之后，那些美穿越风雨，依旧能在你打开书本的一瞬间直抵你的心灵。关于美，关于爱，关于感恩，关于世界……它们全被包含进了无声的文字。它们缄默不语，却鲜活得像夜莺喃喃的歌声。它们在泰戈尔的笔下，凝成了一本诗集——《飞鸟集》。

《飞鸟集》是印度诗人泰戈尔的代表作之一，它由三百二十五首意蕴深长的小诗组成。泰戈尔讴歌爱，歌颂这世间美好的一切，万物生灵在泰戈尔的笔下都充满了善意。溪流汨汨作响，那是自然对世界的馈赠……旭日冉冉升起，那是上天对

《飞鸟集》，（印度）泰戈尔著，郑振铎译，上海译文出版社

人类的爱怜……诗人的双目滤去了世故与不安,让爱静静地流淌,让美默默地绽放。我们在《飞鸟集》中,追寻美与爱,谛听生命的祈祷,为明天的理想,插上坚定的翅膀。

我存在于世,是永恒的生命的惊喜

赞美生命,是因为它的存在是一个华丽的奇迹。生命在无垠的宇宙间飘摇,我们常常为其脆弱流泪,也为其坚毅鼓掌。阿甘说过:"生活就是一盒巧克力,你永远不知道会得到什么。"而正因为无法预知的未来,才让坚持前行更有意义。

正如《飞鸟集》中提到的:"我存在于世,是永恒的生命的惊喜。"人生是变幻莫测的,此刻你脚下坚实的土地,可以让你赖以生存安身立命,而或许在下一秒,它就会变成沼泽泥淖,吞噬掉你的所有。而此刻你经历的狂风侵袭,在下一秒也可能阳光和煦。所以,在顺境中思虑危机,在逆境中坚信奇迹。要相信生命会在漫长的跑道上蜿蜒曲折出一个璀璨的梦,那些信念,会像夜空中的启明星,伴你度过最黑暗的夜,引领你去夺取属于你的灿烂明天。

永远不要折服于困难,因为活着就会遇到奇迹,因为我们的生命永远有惊喜。

休息属于工作,就好比眼睑属于眼睛

生活从来就不会给任何人开玩笑,它有其严酷冷峻的本质,它公平地对待每一个奋斗者。而我们却常常抱怨被生活戏弄,被求其不得的失落感深深包裹。殊不知,花开才有结果,付出才有收获。就像诗集中提到的"休息属于工作,就好比眼睑属于眼睛"。

世间的万事万物,都存在其必然的因果联系。你要相信奋斗没有苦果,千难万险只是过程,你想要的远方,终会在曲折绕尽

后抵达。忙碌的工作，才让惬意的休息拥有真正的意义。

哈佛大学的图书馆墙上，贴着这样的一句话："像狗一样学习，像绅士一样玩耍。"这所世界顶尖的名校给在这里求学的学子以这样的训诫，像狗一样疯狂地去学习，然后你才有资格去享受玩耍。所以，不要抱怨一切太难无法坚持，当我们没有拼尽全力时，我们都没有资格去祈求闲适。

《飞鸟集》，（印度）泰戈尔著，徐翰林译，天津教育出版社

我们误读世界，反说它欺骗我们

这是一首非常富有哲理的诗，初读之时，便被这短小的诗句中蕴含的大哲理所征服。泰戈尔想告诉我们何为事物的两面性，以及永远不要为某件事情下绝对的定义。在我们没有完全了解一件事物之前，一切的绝对定义都会显得肤浅无知。而本身就握着错误的观念去咒骂正确的真理，更是滑稽而悲哀。

世界是宏大的，我们在探索它的过程中常常会被冰山一角所迷惑而禁锢不前，放弃了去求取它真正内涵的机会。我们常常误读它，却以为自己的认知是完全正确的。当我们明白了对这个世界的错误印象时，却以为被世界所欺骗迷惑。不要随意去给某件事情贴标签打烙印，更不要随意去判断一个人，大多时候我们都在误读。当我们了解得多了，才能在心里形成客观印象，而形成客观印象时，我们不再去抱怨被欺骗，而是选择去包容。这，就是智者的情怀。

鸟以为让鱼活在天上是个善举

帮忙是一个大学问,泰戈尔在他的诗歌里也告诉了我们这个真理。鸟和鱼,是两种在不同的环境中生存的生物,一个在空中飞行,一个在水中遨游。空气与水,有着无法逾越的界限。若是鸟儿可怜鱼儿只能在水中,不能去体验将生命暴露在空气中舒展开,而将它带出水面,那留给鱼儿的,不是凌空的兴奋感,而是丧命的危险。

这是一个浅显易懂的类比,鸟和鱼隐喻了生活中不同的人。当我们没有去经历另外一个人的生活,就不要武断地想要去改造他的生活。行为的好坏不是单靠我们自己的思考就能下结论,也许对你有意义的事放到他人身上却是致命伤。好心办坏事是我们都不希望的,所以,我们要学会真正设身处地站在他人的立场上去思考。换位思考是极其重要的,贯穿着人与人交往的始终,当我们学会去了解,才不会尴尬地像鸟和鱼。

泰戈尔在《飞鸟集》中谈到了许多生活中的美好与哲理,他炯炯有神的双目,看透了生活的真谛。这一本薄薄的诗集,蕴含着丰富的大智慧。我只撷取了其中的部分精华与大家分享。

诗歌是灵动而深刻的,泰戈尔的经典诗集值得我们去拜读。当我们穿越其中,会听见溪水叮咚作响,看见星星缀满夜空,嗅到花香充溢原野。我们从繁重奔忙的现代生活中深吸一口来自古老世纪与国度的气息,单纯的美,朴素的爱,泰戈尔让我们重新去认识,去感受,去追寻。

刘笑麟

【作者小传】

刘笑麟，男，汉族，1989 年生于湖北襄阳，爱好写作、篮球、电影，现就读于西南交通大学电气工程学院 2012 级电气工程专业（硕士）。

窃以为"读书"一词定是蕴藏无数意味的：或是斜阳草树寻常巷陌，或是豪情壮志铁马金戈，或是笔尖私语一家之言，或是振聋发聩奔走疾呼，或是花有辞树叶无尽落——你所想要的世界、想成的物件、想知的事，都在其中。而我更想在书海里找到一支永不变质的"防腐剂"：能在多年之后端坐书桌前，镜子里还能是自己喜欢而非当年讨厌的样子，手边的书无论翻过多少都还有胸口的热度，便已足够。

窥天及人谓之奇

几年以前的我，读书还是颇为挑剔的。对彼时的自己来说，小说总是太过完满或悲伤，大悲大喜都会与现实的平淡一再碰撞，让人不够从容；杂文则是颇为尖利，或包容或偏颇多少都还是溢出一些呼号的影子，理解其义对于尚处懵懂的少年来说总还是有些过于强求；相较而言，散文才是我的最爱，清淡的文字多流淌于从容，小而精美的篇章字字清新——可以说那会儿的我，也只是想在这里描红般学出漂亮的句子，悦人悦己即可。我当时应该是很满足于自己划定的读书世界，所以即便是一早就对于玄学方术颇感兴趣，但这本《易

《易经》，苏勇点校，北京大学出版社

经》也只是在大三百无聊赖时于露天书摊偶得。细读来，要说窥伺天机丝毫不敢，但推及人理尚可。近日于学校首页发现"经典阅读推荐书目"，《易经》巍然列于九十六部之首，惊讶之余也是在心中颇感自得的。一时间想要通盘忆起书中先贤言之种种、教我如何，终究不得——只说它给我最大的改变那大概是，会跟二

十余年的天光偶然较真起来，也突然觉得，似乎是到了该告别感春悲秋、任性恣睢的年岁了。

细细想来，但凡能够起议的诸事诸物总是得引起点质疑谈论——似乎我们总是得要抱有对这个世界既有定律或法则的无尽猜疑才能保留下自己存在的意义，而不至落入精神空虚。但凡事皆有所起，我们所有的格致精神也都需要在一个合理的承载框架内才能进行，而框架本身则是无法证明却又无法质疑的已有真理。而这些自证乏力却又实践正确的本源框架，总是会提醒我们某些关于"存在"的终极哲学命题。对此，中华民族的古老先贤是善用"无极生有极，有极生太极，太极生两仪"的阴阳学说来加以解释的，虽然细细究来此说在"从无到有"的无终话题上仍显搪塞，但个中引出的"阴阳"二字，却实在是支撑几千年中华文明的根本认知。行至春秋战国时代，孔圣作《系辞》，直接将"无极"用一"易"字代替，曰"易有太极，是生两仪，两仪生四象，四象生八卦"。所谓"易"者何？表"天地自然法则简朴平易"之"简易"，表"世间万物变化有规则而无休止"之"变易"，表"万物恒变的规律唯一不变"之"不易"。通论变法，取三易之本、纳阴阳之说成一经——这便是《易经》。

从伏羲画八卦开先河，到文王父子演卦做卦辞爻辞，再到孔子作"十翼"加以发扬，易更三圣，而后得以光大。在罢黜百家独尊儒术的汉代，《易经》甚至被尊为"群经之首"——这自然是不无道理的：从历史渊源来看，《易经》可算滥觞于伏羲时代，至于周公已算成形。而据《史记》所载，《诗》《书》《礼》《乐》则是经孔子编定乃成。从体系地位来看，孔子作《易传》，将《易经》从占筮拉向伦理教化，用神灵显圣、卜筮吉凶的名义宣扬儒学教化，为统治者推纲常伦理。可以说，在突出道德教化的作用上，《易经》在儒学文化中是具有核心地位的。从所述内容来看，《易经》论变法，宏博于天下万物之理。在群经之中，它更像是一个抽象的三观树立者，总得以此认知世间种种，而后才能通闻其他。

《周易全解》，金景芳、吕绍纲著，上海古籍出版社

我们所惯常的学习模式总是先贴标签再看内容，所以当我们对着诸多"国学经典"逐一贴上儒墨道法，而面对这部《易经》却无所适从的时候，是会有一些迷茫的。就像是道家善于是非道理的辨析，不注重现下功利而妄求洞悉本质居于长远，出世之求对于本质和长远的幻想并无半分用处，只能沦落为教派之内的信仰，空洞而无力；而儒家则以入世之说，注重眼前伦理道德、轻视大道原则，不求明断是非的处世态度对由上而下的统治来说是福音，而对于被统治的底层则更像是"事先说好不反抗"的自求陷阱；释家以苦、集、灭、道四圣谛教人以苦，又以八正道、戒定慧三学论苦之消弭，但注重于修来世而从心态上了却尘缘今生，终究太过虚妄消极。而纵览《易经》，泰卦有"初九，拔茅茹，以其汇，征吉"，以远大志向和进取之心入世；旅卦有"上九，鸟焚其巢，旅人先笑，后号咷"，行旅之人见火烧鸟巢先笑而后号啕，暗示无其所归的出世；既济卦有"九五，东邻杀牛，不如西郊之禴祭，实受其福"，东边邻居盛大的祭礼不如西边邻居的简朴祭祀务实得福，寓指应当专注眼前、务实不虚

——可说是遍论儒释道三教主张。这样看来，《易经》所发挥的效力，更像是以其"群经之首，大道之源"的向导姿态作为中国文明大厦的总体框架，而儒、墨、道、法、名、阴阳、纵横等家乃至由此延伸的后世诸学则更像是对这座大厦加以个性装修的住户。

　　既然生之为卜筮，我们若是妄图想通过高抬教化剔除《易经》之中的占卜成分，将其看成纯粹符合哲学精神甚至科学精神的书作，则必定是站不住脚的。更明智的做法似乎应该是，视其为卜筮与哲学兼修之典范——一方面，卜筮之说绵延数千年，虽然时至今日更多伴着"迷信""唯心"的贬义字眼出现，但本着"存在即合理"的宽容心态来看，将卜筮之法作为一种富有千年古韵的文化传统加以传承保护的最低要求也是极为合理的。另一方面，《易经》的卜筮之法从起画卦到装卦、再到断卦的全部过程，是完全可以自成体系的。国学大师南怀瑾在《白话易经》中指出，"唐、宋之后建立的'理，象，数'新三易之说，若用现代的观念来看，'理'便是类似于哲学思想的范围，它是探讨宇宙人生形上、形下的能变、所变与不变之原理；'象'是从现实世界万有现象中寻求其变化的原则；'数'是由现象界中形下的数理，演绎推详它的变化过程，由此而知人事与万物的前因与后果，反之，也可由数理的归纳方法，了解形而上的原始之本能"，并得出"《易》'理'之学，是属于哲学性的，'象''数'之学，是属于科学性的"这一结论——由此看来，占法实际只是两个科学问题之间的某种映射，"数"为我们能感受的抽象物件，"象"则是"数"在世间万物的具体投影，至于两者之间的映射原则，则必是人间大道之"理"了。

　　如前所述，当我们放弃将卜筮与哲学武断分开的做法，而是在两者之间探求互通之处，这样很多事情便了然了。以蓍草为占，取一不用象天地未分之太极，而后分二表示左象天右象地，挂一象意表示人，是成古意"三才"，揲之以四则象四时变化——这是对存在问题在自我哲学体系下的阐述。以文王课起卦，取三枚铜钱为占，每摇一次所得全字的老阴、全背的老阳，都会产生阴阳互换的"变卦"——这是物极必反的哲学思想。《序卦传》中，将六十四卦排序加以说明，强调万物在无穷的时间序列里的无休止变化，而这种变化的表现形式则是，一方面阴阳相互"推荡"，另一方面阴阳相互"转化"——这是阴阳两仪乃至万事万物的辩证关系。相传伏羲氏"近取诸身，远取诸物"画出乾、坎、艮、震、巽、离、坤、兑八卦，在物质层面分别对应天、水、山、雷、风、火、地、泽八象，而又由此延伸至身体发肤、动物之应、静物之应等等，而后又以纳甲之法合干支、并五行、定方位，以"万物类象"——这可以看做是抽象的归类思想。泰卦上六《象》曰"城复于隍，其命乱也"，否卦上九《象》曰"否终则倾，何可长也！"意即泰极则否、否极则泰。乾卦九四曰"或跃在渊，无咎"表示事物存在一种隐动的态势，坤卦六四象曰"括囊无咎，慎不害也"表示事物处在一种静中隐退的态势——这是对事物运动变化状态的四种精妙概括。卜筮之法将卦应的原理简要概括为"天人感应"，而天人感应的高层境界则被称之为"天人合一"，主张天之道与人之道不存在必然的界限，天即人即自然——这是一种朴素的自然观念和相处之道……很多时候，这些归纳意义的对应来得晦涩而繁复，所以事不强求的心态在这里很是适用，偶然开卷而得的际遇性欣喜看起来更适合于对于《易经》的修身闲读。

　　六十四卦读之纷繁，而又因其包藏万物之意便带有更加无法捉摸的感觉，但在这卷帙浩繁的卦象之中有一卦极为特别——谦卦。它是六十四卦中的第十五卦，卦体为上坤地下艮山，"山本高大，但处于地下，高大显示不出来，此在人则象德行很高，但能自觉地不显扬"，因而谓之"谦"。之所以说它特别，是因为除谦卦以外的六十三卦的各爻均有吉有凶，唯独谦卦每爻均是吉卦，"无往而不利"。通览卦辞爻辞均是以谦虚教人，以言语、劳动、交往、辅佐、征伐等各个情形下"谦"之利强调在任何情况下都恪守谦逊的重要性。《序卦传》以"有大者，不可以盈，故受之以谦"阐述谦卦来由，即告诫有大成就的人不可以盈满自负，要注意以谦自省始终，方为君子，方能"无不利"。

有语云"知易者不占，善易者不卜"，这句话对于我们加深对《易经》的理解是十分有用的。有人也许会觉得这句话看起来更像是"有科学思维"的人对于占卜迷信的摒除，但荀子所处的时代背景注定了他说出这句话的时候并不是妄图把两者一分泾渭。他更想向世人传达的，是"易"为万物运转之大道，脱离卜筮而窥天的前提是通晓易之精髓，即明了万物之道理，这样便不再需要通过算筹凭物就可以"预知"命运。这种理所应当而又连续性极强的态度很像是《大学》的经典儒家观点：我们不能满怀功利心一上来就说"修身齐家治国平天下"的大德行，而是在这之前更应该具备"格物致知，正心诚意"的预备条件。这里需要特别言明的一点是，长久以来

《周易译注》，黄寿祺、张善文撰，上海古籍出版社

我们或许都对卦象的"吉凶"有错误的认知。被称为"中国式管理之父"的曾仕强教授在《易经的奥秘》里提到，"《易经》卦象的吉凶，并不是要我们去完完全全地趋吉避凶，而是吉的事情会比较顺遂，做事的过程中不用花过多精力；凶的事情则是面对困难较多，要小心谨慎地去做，而绝不是不去做"。

很难想象这样一本被几千年风霜打磨到褶皱泛黄的书卷，时至现代仍未到强弩之末，而是与很多现代的伟大思想擦出新的火花：英国著名的中国科技史专家李约瑟认为，莱布尼茨的二进制受到中国古代八卦的影响；而伟大的物理学家玻尔则对中国的阴阳学说赞赏有加。看来问题最终归结于"如何从中获取更多的先贤智慧"上了——可这并不是一个简单堆砌人力、物力、财力就能解决的事情，毕竟一个"悟"字是知海路上最不能强求的。

回到之前提到的"标签"问题，在我看来，读这样一本从篇幅小到流传广、再到通融卜筮哲学、再到古为今用、再甚至几乎上升到中华文化本源高度等等无所不奇的"古书"，莫不如打破传统模式，自顾自先看其内里究竟，标签与分类问题则交于读者自身。便如那本《红楼梦》，有人读出了一股男女间病态情爱的胭脂粉黛味，也有人读出了人世间的凄凉辛酸味，还有人读出了封建社会及家族的破落衰败味……读《易经》短短数百字，或困顿或明朗或思维蛰伏之后恍然大悟，或贴道或封儒抑或拎将出来列为单独一类曰"易经奇书"，倘能有一心之解、半点之用，皆无不可。

阎开印

【作者小传】

阎开印，男，1961年生于河北无极，工学博士，教授，博士生导师，现任西南交通大学峨眉校区校长。

长期致力于高等学校教学管理及机械制造等领域的教学、研究工作。主持、主研国家和省部级教改项目和科研项目10余项，取得发明专利1项，发表40余篇教学管理和科研论文。在教育教学方面的改革和举措多次受到中央电视台、《中国教育报》和《中国科学报》等媒体的广泛关注与深度报道。获得国家级教学成果一等奖1项、二等奖2项以及多项四川省教学成果奖，并在科学出版社出版本科专业人才培养规范。

研教自由　教学平等
激发交流　唤醒灵魂

——《什么是教育》中大学理念的本质浅析

雅斯贝尔斯是著名的哲学家、精神病理学家。他最初受父亲影响攻读法学专业，后转读医学，获得医学博士学位。40岁时，又转投哲学，最终在哲学领域获得了巨大的成功，成为公认的西方"存在主义"大师之一，桑纳尔评价他"把全部精力投入了思维"。雅斯贝尔斯的存在主义教育思想集中体现在《大学的观念》和《什么是教育》这两本书中，其中《什么是教育》从"生存、自由、超越"的存在主义哲学基础出发，阐述了教育的理念，是一本思想深邃却简明易懂的专著。

《什么是教育》，（德）卡尔·雅斯贝尔斯著，邹进译，生活·读书·新知三联书店

雅斯贝尔斯一生从事大学教育40多年,对大学理念颇有心得。在《什么是教育》一书中，专门对大学的观念和任务进行了深入

讲解，引导我们这些从事高等教育事业的工作者沿着大师的足迹追寻大学教育的本真理念。与其终日在具体而微的事务中埋头苦干，不如静下心来，先思考一番。

一、研教自由，给予教师足够的师道尊严

雅斯贝尔斯认为，在教育的过程中，"最关键的是具有独立见解和追求的教师"，只有拥有这样的教师，才能"引起学生对终极价值和绝对真理的向往"。

在大学教育中，大学教师的综合素质要求甚高。"大学教师首先应是研究者""最好的研究者才是最优良的教师"，这就要求大学教师要有研究的天赋，有创造性的研究方向，有对科学真理孜孜追求的勤奋，并且还要具有"知识的良心"。其次，大学教师还应具有授课的艺术，要"把科学的问题通俗化"，能够通过多种教学方式循循善诱地将科学的原理传授给学生，并且授课的过程中充满"教育的爱"。

我们对大学教师的要求高，也要给大学教师足够的自由，保障教师的师道尊严。首先，要尊重教师的学术自由权利。大学教师作为独立的研究者具有选择研究方向的自由，这样才能保障他们成为具有独立思想、独到见解的学者。其次，要尊重教师的授课自由权利，教师可以在课程内容之内相对自由地选择授课内容和授课方式，甚至可以"带着个人的色彩"，而不是仅仅围绕考试为目的进行教学。只有当教师拥有这双重自由，才能激发教师以专业的态度进行研究，以本真的方式进行教学，全身心投入到教育的过程中。

二、教学平等，引导学生构建独立思维方式

雅斯贝尔斯认为"大学的理想要靠每一位学生和教师来实

践"，而大学的生命"全在于教师传授给学生新颖的、符合自身境遇的思想来唤起他们的自我意识"。也就是说，大学的意义不仅仅在于优秀的教师言传身教，最终的意义是学生能够构建起独立的思维方式。

为了达到这样的根本目的，好的教育方式尤为重要。雅斯贝尔斯将教育分为三种基本类型，分别是经院式教育、师徒式教育和苏格拉底式教育。其中，他最推崇的是苏格拉底式教育。在这种教育方式中，"教师和学生处于一个平等地位，教学双方均可自由地思索，没有固定的教学方式，教师激发学生对探索求知的责任感，并加强这种责任感"。

苏格拉底式教育可以通过很多种教学方式表达出来，"演讲、练习、实验、研讨会、小组讨论、两人对话"，教师通过这种种方式让学生亲自经历产生疑问、投入思考、获得知识的完整过程，教师也可以反复在教学的过程中与学生一同获得新知识。通过这种思考方式的反复强化，学生就可以构建起独立探索科学真理的思维方式，而不是从教师那里获取所有的知识，这才是教育的终极目的。

三、激发交流，寻找真理的源泉

雅斯贝尔斯认为"大学是个公开追求真理的场所"，"在大学里追求真理是人们精神的基本要求"。但同时，雅斯贝尔斯也提到，"本真的科学研究工作是一种贵族的事业，只有极少数人甘愿寂寞地选择了它"，因此，科学研究的道路是越走越寂寞的一条路，没有思想上的交流，没有团体交往的气氛，就失去了寻找真理的一汪重要的源泉。

大学里的交流分为两种，一种是研究者与研究者之间，一种是研究者与学生之间。无论是哪种交流，交流的方式一定是苏格拉底式的，交流的双方都是平等的，都是为真理在进行战斗。

我们常通过讨论或辩论的方式来进行思想上的交流，在这个过程中，交流双方真正关心的是真理本身是否真实地展现，而不是自我胜败的结果，亦不是礼尚往来的人情。在交流中，"不要侮辱他人，也不因诋毁他人而自鸣得意""不以沉默以示温和，更不以欺骗来安慰他人"。只有通过不断交流的方式，真理的探求不断深入和交错，才能激发出持续的真理之光，给大学带来勃勃生机。

四、唤醒灵魂，对真理不脱虔敬之心

雅斯贝尔斯谈及大学时提到，"大学也是一种学校，但是一种特殊的学校"。大学的特殊不仅仅在于职业技能知识的传授，还在于对人的精神培养，这样的培养结果才是一个完整的人。大学教育是构造"一个完整的人的形象"的重要环节，"以正确的方式传授知识和技能，其本身就已经是一种对整个人的精神教育"。

雅斯贝尔斯说，"教育就是一棵树摇动一棵树，一朵云推动一朵云，一个灵魂唤醒另一个灵魂"。要做一个具有唤醒力量的灵魂，首先要严于律己，以身作则，坚持真、善、理性的信念，其次要耐得住学术沉淀时期的寂寞，永不停止追求真理之光。只有这样的教师才能唤醒学生的灵魂，使学生具有自我认识，对绝对真理和精神的无限性产生敬畏之心。

而只有对真理充满敬畏和渴望，才会投身到对真理的追求事业中去，精神得以代代传承，真理得以人人信仰，大学对于人类社会的意义才得以彰显。

总而言之，大学之发展，在于具有独立见解和追求的教师、潜心向学的有志学子、自由开放的交流氛围以及灵魂深处对真理的孜孜追求，四者缺一不可。无论我们身为大学的何种成员，都应为实现这四个要素不懈努力，因为我们在做一项最伟大的事业。

初出艰难后坦途，与诸君共勉。

张兴博

【作者小传】

张兴博，男，汉族，1981年生于辽宁沈阳，工学硕士，现任牵引动力国家重点实验室党委副书记。

研究方向为生涯发展与职业规划、心理咨询、青少年心理健康教育。主编《大学生志愿服务理论与实践知识读本》，曾获成都市一专多能教师、成都财富全球论坛优秀志愿者称号。

阅读是一个生命向另外一个生命致敬的过程，也是在精神层面传递温暖的过程。遇到好书，见贤思齐，作者表达情怀、传播信息，读者聆听慧音、优化心智。阅读是自我对话的良机，不求快乐相伴，唯愿身心合一，宁静致远。

梦见弗洛伊德
——读《精神分析引论》

这是一个出现在我梦中的场景：老年弗洛伊德严肃地绷着脸孔，白发细密而一丝不乱地梳向一侧。他摘掉了眼镜，显然是准备向对手做最后的攻辩。这个一向言辞干练的奥地利小老头儿成竹在胸。他站在铺满试卷的讲台的左侧，双眸炯炯。而此刻，穿越而来的东方大儒孟子先生则身着宽袍，两道长寿仙眉下双眼微闭，等待着弗洛伊德关于人性的总结陈词。梦境中没有声音，但却仿佛可以嗅到即将爆

《精神分析引论》，（奥）弗洛伊德著，高觉敷译，商务印书馆

发的关于人性善恶之争的荡气之音。作为一个心理学爱好者，我安静地坐在台下，满心欢喜地期待着弗洛伊德的又一次发言。

这个梦清晰而又完整，醒来后我捧起枕边的《精神分析引论》不禁啧啧称奇！这是一本首先在哲学领域引起反响的书，更是一本开拓性的心理学典籍。自 1879 年冯特先生到德国莱比锡大学建

立科学心理学实验室、广纳海内外的心理学门生以来，心理学这个原本道不清说不明的学科从此从哲学学科的母亲怀抱中挣脱出来，开始走出自己独立的发展之路。

第一次阅读弗洛伊德的书籍还是在高中时代，校长席正安先生是一名教授，极力提倡素质教育。我至今还非常钦佩他可以在那么白热化的同校竞争态势下，提出了晚自习可以自由选择、鼓励同学们广泛阅读、到图书馆上自习这样的倡议！于是即便是高三最为紧张的复习阶段，我还紧锣密鼓地利用课间时间阅读了路遥的《平凡的世界》和卡夫卡的一系列短篇，当然让我印象最为深刻的则是散发着神秘主义气质的弗洛伊德的《梦的解析》。

初读弗洛伊德的缘分，也许就是来源于我少年时代自然生长出来的对于猜想别人心理活动的好奇心。现在回想当初，逐渐就理解了"预言自我实现"的心理学解释，也更加明了了"人的意识层面的心理活动只是冰山一角，而未被觉察到的潜意识则占据了心理活动的大块版图"的深刻意义。

再读弗洛伊德，我已经成为了一名工科学生，每日在九里校区明诚堂内"习矿业土木工"。课余在学校图书馆借阅一本《超越快乐之道》。也许来自柏拉图的灵魂三分法，也许受到东方荀子的循循善诱，弗洛伊德再一次升华了他对人性的独特见解。深受达尔文《进化论》影响的他，早就看穿了每一个游走在繁华都市街道的社会人的动物属性。"本我"便是这人性中最具生命张力，也最难以为"自我"所掌控的原始冲动。而每次面对诱惑，对抗贪婪，力挽狂澜于声色江湖的那个"超我"不就是我们人性中一直都在供奉和向往的神性"自我"吗！曾国藩说世间所成之事一半皆因有所激有所逼而成！这就是人性中"超我"与"本我"追逐一生时光所斗争最终成就的那个"自我"的真实写照啊。而那个每时每刻都要受到左右夹击的中间老好人"自我"不断地体验着焦虑，也就不断地成长着。人如何快乐呢？古希腊的昔勒尼学派给出的答案是节制、知识和善行。佛陀劝诫世人先要利他，终是涅槃。庄子说无为即是乐。到了弗洛伊德这里，他终于用人间的语气和科学的方法阐释了快乐其实是每一个经过释放的压抑，是内心深处动机的合理过渡和表达。

三读、四读、N 读弗洛伊德，发现他的思维缜密细微，像一名临床医生手持柳叶刀聚精会神地剖析着人性结构中的灰色地带。他的心胸宽广而决绝，容得下法国催眠之术，容得下维也纳医学大会对他的批评，却丝毫容不下卡尔·荣格另立山头对他的背叛。"天命之谓性，率性之谓道，修道之谓教"，华夏儒生为其后人历史地选择了"礼性"的国民风雅。犹太人的颠沛命运、辗转反思，赐给了弗洛伊德一面"理性"的窥镜，以此镜透射万千世界，便可观每一个孕育喷发的原始动力力比多之泉，可听每一个言外有意的口误之音，可析每一个或怒或哀的深夜惊梦！

我以为读书也是需要缘分的！

作家铁凝说当年她 31 岁时曾经有一次机缘与冰心老人聊天，冰心问其是否已经嫁人，铁凝害羞而又惭愧地回答道：没有，还在找合适的对象和缘分。冰心先生微微一笑告诉她，缘分不用去找，诚心诚意地去等就好了。

妙不可言，时机恰好！

2008 年的汶川大地震却成全了我和心理学的一段缘分，从西藏纳木错旅行归来之后，听心理学课程与阅读心理学书籍成为我生活中重要的部分。我也先后通过培训、认证成为一名注册高级心理咨询师，也有一些机会给心理学爱好者讲授心理学课程。2009 年的新春佳节，受四川省文明办、团省委和青基会之托，我和德阳市文明办的杨老师作为心理干预志愿者一起陪护 10 名灾区的孤儿赴北京过新年，共同度过了 22 个日夜。白天的参观、学习行程之中孩子们的快乐溢于言表，可是深夜每每听到孩子们从梦中的惊厥叫喊，便可知那一幕天崩地裂的痛苦和别离是需要悠悠时月和涓涓爱心来慢慢抚慰的。我常常想，如果弗洛伊德也来到这群孩子中间，他会以怎样的人性态度和治疗方法来帮助这些孩子呢？这个命题没有答案，不过弗洛伊德一定会以严谨的科学家的风范对待灾后异常心理活动的研究和解释吧。

精神分析，这一至今仍旧发生着重要影响的心理学流派是很多人重新认识人性、解构人格的理论来源。毫无疑问，在这个领域，弗洛伊德及其衣钵传人为整个心理学做出了不可磨灭的贡献。遥想当年，一个并未受过系统学龄基础教育的犹太小商人之子，通过勤奋的学习，保持着对周遭最敏锐的察觉。他不断地通过自我分析，由表及里、层层递进地挖掘着内心深处每一处细微的心理过程。这就是一个开创者的样子：敏感、倔强而又不知疲倦！

走进心理学，我重新认识了这个世界，更好地处理着我与自己、与世界的关系。走进弗洛伊德，便可看清那些困惑我们已久的黑暗世界，那些梦、那些潜意识、那些人性中潜伏着的力量，也更加轻松和自在地生活在明亮的光影之中！

许金砖

【作者小传】

　　许金砖，男，汉族，1979 年生于湖北襄阳，文学硕士，助理研究员，现任西南交通大学峨眉校区党委宣传部副部长。

　　主要研究方向为高校宣传文化、网络与新媒体。

　　大约十三四岁，偶然接触到半部《三国演义》，从此走进了一个无限丰富宽广的世界，找书、借书、读书成为成长记忆中的一部分，阅读也成为平静内心和与现实妥协的一种方式。近些年，遭遇网络时代，时间碎片化、读书功利化，种种主客观原因和托辞，随性阅读似乎已成为奢侈的体验，唯有自我安慰：天下可读之书，汗牛充栋，唾手可得，无书可读的日子一去不复返，随处即可捧书拌茶咀嚼之，品味之，不亦快哉。

互联网汹涌与数字化生存

——读《理解媒介：论人的延伸》

　　我们塑造了工具，工具又塑造了我们。——麦克卢汉《理解媒介：论人的延伸》

　　马年春节期间，微信抢红包如同斜刺里杀出的一匹"黑马"，颠覆了传统的"红包"观念——这只是互联网"入侵"金融领域的一个代表。近期，还有"余额宝""理财宝""壹钱包"等的出现，互联网公司和传统金融公司纷纷跑马圈地，忙得不亦乐乎。在思想文化领域，所谓的"互联网思维"也影响到各个行业，大数据、云计算、专注产品、注重用户体验等等，似乎成了事业发达、企业振兴、商业制胜的不二法宝。

《理解媒介：论人的延伸》，（加）赫伯特·马歇尔·麦克卢汉著，何道宽译，商务印书馆

　　不经意间，互联网汹涌而来，似乎已经无孔不入。加拿大学者麦克卢汉在《理解媒介：论人的延伸》里所预言的"人的延伸""地球村"等更是逐一得到验证。他的"媒介即讯息"

观点依旧振聋发聩，这位"电子时代的先知"用深邃的目光，证明了他不仅是彼时的思想家，也是后代子孙的朋友和知己。

2014 年，恰逢该书初版 50 周年，在这篇小文章里，我想用互联网作为切入点，从一个普通读者的角度来简单介绍一下麦克卢汉的瑰丽思想和犀利观点，不当之处，敬请大家批评指正。

一、媒介即讯息：互联网改变生活

《理解媒介：论人的延伸》中的第一章标题就是"媒介即讯息"，"任何媒介（即人的任何延伸）对个人和社会的任何影响，都是由于新的尺度产生的；我们的任何一种或技术延伸（或曰任何一种新的技术），都要在我们的事务中引进一种新的尺度"。换句话说，每一种新媒介，都会创造一种全新的环境，这种环境对人的各种感知系统将会发生全面的、深刻的、潜移默化的影响。

需要指出的是，这里的"媒介"并不是我们熟悉的"新闻媒介"这个范畴，它指的是所有一切能够延伸人的身体和感官的工具、技术和活动，如口语词、书面词、服装、货币、广告、电影、电话、电视等。这里的"信息"也不是我们熟悉的"信息内容"这个范畴，它指的是由于媒介的出现，带来"引入的人间事物的尺度变化、速度变化和模式变化"。如铁路的作用，"并不是把运动、运输、轮子或道路引入人类社会，而是加速并扩大人们过去的功能，创造新型的城市、新型的工作和新型的闲暇"。

互联网，毫无疑义是一种崭新的更为全面的媒介，被称作"数字时代的麦克卢汉"。"后麦克卢汉第一人"的美国人莱文森更进一步说："互联网是一切媒介的媒介（medium of media）。"那么这种媒介带给我们什么"新的尺度"呢？

从身边的例子来看，"网购"已成为重要的购物方式，峨眉校区三号大板楼前，每天有上千件来自全国各地的快递等待领取；即时通讯工具成为重要的交流沟通工具，办公室工作人员更多地使用 QQ 或者 QQ 群交流安排工作、传输文件等；阅读电子图书成为一种便捷的方式，如图书馆推出的一款移动图书馆软件更是让随时随地阅读成为可能；网络侵染下的语言也产生了潜移默化的变化，不知道"正能量""高大上""女汉子""土豪"？那你就OUT 啦！……

《理解媒介：论人的延伸》，（加）赫伯特·马歇尔·麦克卢汉著，何道宽译，译林出版社

可以说，互联网给社会带来了前所未有的变革，而且其自身也在不断地改进，从 web1.0 时代到 2.0 时代，我们发现互联网不仅改变了人的生活方式（网购）、工作方式（线上交流）、交往方式（网络红包）、学习方式（mooc 的诞生）等，更重要的是改变了人的思维方式，也就是麦克卢汉所说的"中枢神经系统延伸"。这种突破性的思维方式将迫使人类进行更伟大的创造，不断发明新技术，推动社会进步。

二、互联网与人的"全面"延伸

麦克卢汉在《理解媒介：论人的延伸》第一版序中写道："机械时代，我们完成了身体在空间范围内的延伸。今天，经过了一个世纪的电力技术发展之后，我们的中枢神经系统又得到了延伸，以至于能拥抱全球。就我们这个行星而言，时间和空间差异已经不复存在。我们正在迅速逼近人类延伸的最好一个阶段——从技术上模拟意识的阶段。"

在该书中，麦克卢汉列举了 26 种媒介，并逐一证明了其延伸功能。这些媒介大致分为三类。一是人体的器官延伸，如衣服对应皮肤，轮子对应脚，住宅对应集体皮肤；二是人体感觉的延伸，如口语词对应听觉，印刷物对应视觉；三是中枢神经系统的延伸，如广播、电报、电话、电视等"电力时代"的媒介。

通过互联网，人们今天可以足不出户就能实现工作、学习、旅游、交友等"一举数得"的愿望。在这种交往中，容纳了多种类型的交往对象和交往需求，从而丰富了个人的社会联系，也提供了广泛的人际交流机会，为人们创造出了一个全新的世界。同时，互联网具备互动和即时两大独特优势，营造出一个无限丰富的虚拟世界，一个无所不包的精神世界。

按照麦克卢汉的观点，如果说广播、电视延伸了人的听觉与视觉，那么互联网则突破了思想的局限，使随时交流互动和评论成为可能，这延伸的是人类的整体感觉，互联网终于促成了人的"全面"延伸。

三、互联网与地球村

"功能的分离，阶段、空间和任务的分割，是西方世界偏重文字和视觉的社会特征。有了电力技术产生的瞬息的和有机的相互联系，上述分割就趋于消融瓦解了。""借助电力媒介，我们到处恢复了面对面的人际关系，仿佛以最小的村落的尺度恢复了这种关系。"这个最小的村落，就是"地球村"。

人类历史上一些著名的思想家，在对未来社会作了探索和展望之后，形成了自己的一套设想。如柏拉图的理想国，莫尔的乌托邦等。麦克卢汉因他在传播学上的创新，为人类贡献出一个建立在媒介基础上的"地球村"设想。如果说在广播、电视时代，寰球同村的概念尚不明晰的话，互联网的出现则证明了麦克卢汉的"先知"地位。莱文森说："因特网完成了麦克卢汉的比喻，使地球村成为现实。"

麦克卢汉"地球村"的概念建立在他的"人类历史三段论"上。在他看来，媒介演变导致传播演变进而形成文明演进，所以文明史也是传播史和媒介演进史。他把迄今为止的整个人类历史分为三阶段："部落时代—非部落化时代—重新部落化时代"，这三个阶段又分别对于三种文化模式："口语文化—文字文化—电子文化"，也对应三种感觉空间："声觉空间—视觉空间—声觉空间"。

从 1969 年问世的"阿帕网"（ARPANet）到今天，经过不断发展、演化和完善，毫无疑问，互联网是人类迄今为止发明的一种影响力最大的媒介。据统计，在美国，为达到 5 000 万用户，无线电广播用了 30 年的时间，电视用了 13 年的时间，有线电视用了 10 年的时间，而互联网所用的时间还不到 5 年。中国互联网发展虽然起步慢了半拍，但已经"迎头赶上"，尤其是智能手机的出现，使移动互联网更是席卷我们的衣食住行，通过一部终端和网络，就可以实现线上线下的渗透互动。

四、互联网与高校

麦克卢汉本人终身在大学从事教育，但他很少论及媒介与教育的关系。我们可以从他的"肉包子理论"来切入，试图分析一下当前的互联网与教育的关系。麦克卢汉说："我们对所有媒介的常规反应就是科技白痴表现出来的麻木姿态。媒介传播的内容只是入室行窃的夜贼用来引开看门狗的肉包子。"他提醒人们："对媒介影响潜意识的温顺的接受，使媒介成为囚禁使用者的无墙的监狱。""每一种塑造社会生活的产品，都使社会付出沉重的代价。"

被称为"网络预言家"的尼葛洛庞帝在《数字化生存》的前言中写道:"计算不再只和计算机有关,它决定我们的生存。"未来社会"信息富裕者与信息匮乏者、富人和穷人,以及第一世界和第三世界"等差异似乎无关紧要,"真正的文化差异其实会出现在时代之间",即出现在懂得网络与不懂网络的两代人之间。比尔·盖茨说,技术能够提供崭新的机会、崭新的手段,彻底改变教育的状态。

作为培养高级专门人才的高等教育,作为传承创新文化的高等学府,面对互联网及其带来的"讯息",不能无视,必须与它友好相处。这种应对可以从两个层面来展开:一是对互联网技术的吸纳和应用,二是人才培养方式和内容的变革与更新。

目前,丰富的信息资源和方便的获取方式,已成为衡量新型学校办学水平和实力的主要标志。比如作为高校网络门户的官方主页建设,在体现一所大学的文化、特色、性质上发挥着重要的作用。同时,各个高校也在逐步加强电子图书资源、精品课程资源的建设以及办公信息化平台的打造。

在教育方式上,1990年后出生的城市年轻一代,几乎和互联网一起成长,他们是互联网的"原住民",网络应用和日常生活融为一体,难以区隔。这一代人接触的越来越多的是多媒体、超文本和形象化、碎片化的信息,由此带来的思维方式必然朝着整体性、非线性的方向发展。学校除了在教育方式上进行一些诸如mooc 的建设之外,还应该在专业教育中融入如何管理多个信息流,教育学生如何过滤、分析、整合信息等方面的内容。

大学在人才培养中的环境熏陶、文化积淀作用是虚拟课堂永远不可替代的,但必须重视互联网的发展。总之,就像麦克卢汉在《理解媒介：论人的延伸》序言中说的："本书的宗旨是探索技术所反映的人的延伸的轮廓，弄懂它们可以使之井井有条地为人民服务。"只有清醒地认识到互联网的影响，并积极"影响"互联网的发展，人类才能按照自己的意愿去决定它的发展方向。在这一方面，高等学府应有危机感和责任感。

麦克卢汉是大器晚成者，1964 年发表成名作《理解媒介：论人的延伸》时，他已 53 岁。面对彼时的电子时代，他表现出令人惊讶的高度乐观："我展望未来时心潮激荡，充满信心。我觉得，我们站在一个使人解放和振奋的世界的门槛上。在这个世界里，人类部落实实在在会成为一个大家庭，人的意识会从机械世界的枷锁中解放出来，到宇宙中去遨游……生活在这个时代真是上帝的恩赐。仅仅是因为人类命运这本书的许多篇幅读不到，我也会为自己终将来临的死亡扼腕叹息。"这种乐观精神必然会感染并激励"后电子时代"的我们勇敢拥抱互联网。

麦克卢汉的研究方法被人总结为："探索而不做结论，定性而不定量"，理论观点避免不了偏颇之处，他本人也曾经被诟病为所谓的"技术决定论者"，但如同马修·阿诺德所说："新鲜和自由的思想像一股清泉，在我们陈腐的观念上流过。"他的理论为我们认识这个世界提供了一个更好的参照，为我们把握这个世界提供了理论工具，更使我们面对现实和未来更加从容和自信。这些，正是一个思想家的价值，也是我们阅读经典的意义所在。

郭立昌

【作者小传】

郭立昌，男，汉族，1983年生于黑龙江，硕士，助教，现任思想政治辅导员。

2011年获四川省高等学校"优秀共产党员"荣誉称号和全国高校辅导员年度人物提名奖；2012年获西南交通大学创先争优专项表彰"优秀共产党员"荣誉称号；2014年获西南交通大学"辅导员技能大赛"一等奖，入选西南交通大学"十佳教学新秀"（全校10人）；2015年被评为四川省第一届高校辅导员年度人物（全省10人）。连续多年获得"华为优秀辅导员""优秀学生工作者"荣誉称号。

我是一个热爱阅读，喜欢在一段时间的繁忙学习或工作后，手捧一本书让自己疲惫的身心得以放松、眼光得以开阔、见闻得以增长、人生得以丰富的人，用一杯茶的时间就可以获得作者在一段时间内乃至一生对生活的思考，这就是阅读带给我的乐趣。我也是一个热爱旅行，曾经爬过雪山、走过草原、徒步过沙漠、畅游过大海，喜欢带着思想、带着一两本书说走就走的人。身体和心灵总要有一个在路上，读万卷书和行万里路都是长自身见识、使自己一直在路上的好方法。阅读和旅行可以让灵魂跟上身体的步伐，身体到达不了的地方眼睛可以到达，眼睛到达不了的地方思想可以到达。

追寻人生的意义

——《生命中不能承受之轻》读后感

　　生命中有太多事看似轻如鸿毛，却让人难以承受，人只能活一次，既不能拿它跟前世相比，也不能在来世加以修正，没有任何方法检验哪种抉择是好的。

　　　　　　　　　　——昆德拉《生命中不能承受之轻》

　　米兰·昆德拉于 1929 年生于捷克斯洛伐克的布拉格，他一生共著有 9 部小说以及各种短文剧本和诗歌，《生命不能承受之轻》是其代表作之一。该作品曾被《纽约时报》评为 20 世纪最伟大的作品之一。作品以"轻"与"重"的哲学讨论为开篇，将尼采的"重（永劫回归）"与也门尼德的"轻"的思想做了对比，用生命意义存在之不确定性，以及轻与重的对立搭建起了书的整体结构。

　　《生命中不能承受之轻》以医生托马斯、摄影爱好者特丽沙、画家萨宾娜、大学教师弗兰茨等

《生命中不能承受之轻》，（捷）米兰·昆德拉著，韩少功等译，作家出版社

人的生活为线索，通过他们之间的感情纠葛，散文化地展现了苏军入侵后，捷克各阶层人民的生活，富于哲理地探讨了人类天性中的"媚俗"本质，从而具备了从一个民族走向全人类的深广内涵。

米兰·昆德拉在这部小说中，围绕几个人物的不同经历，用他们对生命的选择将小说引入哲学层面，对诸如回归、媚俗、遗忘、时间偶然性与必然性等多个范畴进行了思考。这是

《生命中不能承受之轻》，（捷）米兰·昆德拉著，程一荣译，时代文艺出版社

一部哲理小说，它将读者引入哲理的思考之中，通过生活中具体的事件引起读者形而上的深层思考。小说结局中四个主人公有三个死掉了，他们的死都是按照自己选择的方式。弗兰兹的死是一个梦想家之死，特丽莎和托马斯死在了一起。弗兰兹在妻子的陪伴下死去。唯一生存下来的萨宾娜，留给读者的是关于她结局的猜想。

一、生命的轻与重

"轻"到底指的是什么？习惯上、经验上、想象中我们都会认为"重"让人无法承受，而忽然听到"轻"让人无法承受这便引起了我们的怀疑和费解。"轻"的第一层含义即个体的游离，游离于它所依赖的整体之外，犹如宇航员面临最大的难题是失重，这种游离导致归属感的缺失，让人无法承受，因此故事的主人公特丽莎决定离开瑞士回到处于灾难中的祖国。"轻"的另一个含义是"遗忘"，具有遗忘和背叛的轻让人不能承受。主人公托马斯在面临轻与重的选择时茫然无措，作者让人们记住托马斯的目的在于让读者面临轻与重、灵与肉的抉择时不再像托马斯那样茫然无措、犹豫不决，以至他经历过的一个个美妙瞬间由此而丧失全部的意义。

轻与重的选择、灵与肉的统一、媚俗与反媚俗等问题以不可调和的二元对立形式存在，体现了现代社会所面临的普遍困境，选择成为生命中不可避免的问题，轻与重的选择对立与两难构建了人类的一个基本存在境况，与善恶无关，究竟选择轻还是重，作者没有给出明确的答案。作者关注人生的命运与价值，生命存在与价值问题是任何一个人也无法逃避的问题。生命只是一个过程，生活中我们有时会痛苦，这种痛苦来自于我们对生活目标的错误选择，对生命价值的错误判断。当整个价值体系失重，美与丑、善与恶、好与坏无从判别甚至形成一体时，生命在外界和内心的沉重抗击之下也就变得无所适从，进而变成了不能承受之轻。

作品的意义就在于"轻与重的选择"，主人公托马斯的选择是与当时的社会政治紧密联系在一起的。因而，作者的思考由个人到社会，也就具有了普遍的意义。作者对"轻与重"的思考实际是直接抨击当时的社会制度。捷克人民在社会制度面前也面临着"轻"与"重"的选择。当时捷克的社会制度究竟要怎样来选择，人民该何去何从？对于社会生活方式和核心价值的选择，什么是轻，什么是重？不慎选择的社会制度可能会给捷克带来不堪承受的苦痛，捷克人民还能承受多久的苦难？这些都是作者在作品中深入思考的哲学命题。

人生的意义

夜深人静的时候，静得可以听见自己的心跳、可以听到时钟滴答流逝的声音，手捧着一本书，享受属于自己的时光，感受生活与生命的美好。我十分感动于《生命中不能承受之轻》对生命、对人性的阐述。"最沉重的负担同时也成了最强盛的生命力的影像。负担越重，我们的生命越贴近大地，它就越真切实在。"生命的价值是要通过一生去实现的，生命之轻在于虚度，生命之重在于充实。

《生命中不能承受之轻》，（捷）米兰·昆德拉著，许钧译，上海译文出版社

那么生命是什么呢？生命就是出生死亡，当我们降临到这个世界上的时候是父母赐予我们最初的生命，在父母的呵护与老师的谆谆教诲中开启了生命的旅程。从孩童的天真到少年的青涩，从少年的青涩到青年的稳重，最终在生命的过程中我们学会了很多：美与丑、善与恶、包容与宽恕。在生命的过程中我们走过平坦的大道也走过崎岖的山路，在困难面前我们学会了面对，在一个接一个的窘境面前我们渐渐成长，在责任面前我们能够从容承担。走过了二十多个春秋后，我由衷地感谢父母给了我生命，让我可以沐浴阳光享受生命的美好；感谢一路走来给予我帮助的人，让我体会到生命的温暖。

生命中每次选择与决定都在影响着我们，现在的生活是几年前我们选择的结果，未来的生活则是我们现在的选择决定的，通往精彩人生的道路或许有无数条，但对我们来说生命是条单行线，没有岁月可以回头，所以确定人生的方向前我们要用心来思考。

站在生命的路口面临抉择的时候，我们选择轻与重本没有对与错，是我们的价值体系在左右着我们的选择。我们永远也不要抱怨生活，这一切是自己选择的，抱怨是对自己选择的否定，对自己选择的东西后悔完全不是我们应该有的生活态度。面对轻与重的抉择谁也无法预料后果，我们所谓"轻如鸿毛"的东西到最后也许成为自己最无法承受的疼痛。我们不能用这个理由来否定自己从而活在别人的眼光之中，我们生命的轻与重都应该是由我们自己选择并最终由自己承担后果，无论我们到最后是不是能承受，总比别人选择了最后自己承担要有意义！

　　生命应该是用来感受和体验的，每天我们忙于工作、学习、生活，压力使我们喘不过气来，在无数的压力中学会了坚强、学会了包容，在坚强和包容的心态中我们得到了最大的快乐，经历逆境也是一种成长。空闲的时候我更喜欢一个人独处或者背起行囊去旅行，去欣赏大自然的美丽、去感受万千的社会、去体会生命的美好。我们永远不知道在人生的下一个路口是惊喜还是忧愁等待着我们，我们能做的就是做好每个当下。从不曾奢望得到更多的东西，经历过这许多难忘的岁月，再来回首每段往事，心情是淡然的。守候在自己安静的心灵世界，为生命轻与重的选择付出！

　　"一切重压与负担，人都可以承受，它会使人坦荡而充实地活着，而最不能承受的恰恰是轻"。——米兰·昆德拉

余　卉

【作者小传】

余卉，女，汉族，1982年生于四川乐山，博士研究生在读，讲师，现任西南交通大学机械工程学院研究生党总支副书记，辅导员。

主要研究方向为思想政治教育、大学生职业生涯指导。发表相关论文10余篇，参与校级科研基金4项，其中主研1项。曾获西南交通大学辅导员技能大赛二等奖，多次获西南交通大学"优秀党务工作者""优秀党员""优秀学生工作者""就业工作先进个人"称号，被评为西南交通大学"华为优秀辅导员"心理健康教育工作先进个人""就业指导工作先进个人"，荣获西南交通大学职业规划与就业指导讲课比赛二等奖、教师教学技能竞赛暨第五届青年教师讲课竞赛二等奖。

阅读是小时候关上房门，悄悄在课本下垫上一本《飘》的心跳。阅读同样是捧起一本《平凡的世界》，啃着第一个、第二个、第三个苹果的畅快。阅读是一首宋词唐诗的艰涩和曼妙。阅读更是那一夜一夜伴着孤灯难眠的捧卷而读。阅读同样是一扇窗，轻轻推开了它，你的世界会与众不同。

此生之愿，不过是有一个不大的院子，一畦种着蔬果的土地，一条木桌上，摆上初春的花束，撒着春日的阳光，手捧一卷，久久不忍放下。

那一草一木、一静一动都是美的

——读《梵·高传》

《梵高传》，（美）欧文·斯通著，常涛译，北京十月文艺出版社

梵·高最为出名和广为人知的作品应该是那幅《向日葵》，像孩子般简单质朴的线条勾勒出一个土陶罐里面插着 14 朵向日葵花。它们有的伸出即将破败的残枝，有的仰望着盛放的脸，明黄、橙黄、橘黄、橘红，连背景都是浅黄和中黄，长长短短，重重的笔触。满幅明亮炫目得让人无法忘怀，或者人们那时还无法知道这样的画在 19 世纪末期是一个叫"印象主义"画派的开创，无法知道是梵·高第一次将目光投向了断株残茬、灌木树篱和庄稼地之美，更无法知道随后的 20 世纪的现代美术以及表现主义是从这里开始的。但人们一定感受到了什么，感受到了这画中无限的生命力，这画中向日葵花对阳光极致的渴望，如同《阿尔的吊桥》《收获景象》《星夜》一样，它

们是画家心中对生活、对生命、对普罗大众无限的深刻感受，它们是对生活真实可信、深刻透彻的表现。

一、时代之殇

19世纪末期的欧洲处于一个新老交替的时代，在过去漫长的岁月中，艺术在很大程度上是为宗教服务。教堂里面的天顶壁画、建筑雕塑，无不是在赞扬和描绘圣经和希腊神话抑或各类战争中的重要人物和关键场景，他们大多圣洁和唯美，色彩普遍偏深而厚重，手法是延续学院派的精准透视和平面构图。这时的艺术是上层社会的玩物，掌握了大量社会财富和特权的人们在装修新房或者想在宴会上炫耀一番的时候，常常喜欢去附近的古比尔艺术品公司购买一些当下流行的画作。遍布欧洲的艺术品经营公司古比尔则是由梵·高的叔叔所拥有，梵·高也因此在早期有一份人人羡慕、衣食无忧的工作。

二、温暖而又陌生的家

文森特·梵·高出生在一个传教士家庭，父亲是小镇上一名受人尊敬的传教士，母亲是家庭主妇。由和他同一个名字的叔叔安排，他进了古比尔公司做画品销售。初期的梵·高，对绘画有着敏锐的感觉，对每一个画家有着自己的见解和喜好，成为公司最好的销售员。也就是当人人都在议论这样一位年轻的小伙子今后会接叔叔的班掌管整个欧洲艺术品市场的时候，梵·高厌恶了，厌恶为了生意而对上流社会的权贵们违心地赞扬他们世俗眼中的每一幅画作。他开始怀疑自己，怀疑自己是否适合这样的一种工作，于是他尊重父亲的意愿去学习圣经圣道，到普通民众中去传道。二十七岁时，目睹了贫困的矿区人民在那个阶级对立的社会，每天活在生死的边缘，日日劳苦工作却赚不到一天足够的饭食，随时面临疾病和死亡的威胁。他深刻感到了宗教的虚伪和虚无，除了整日布道吹嘘着上帝会照看好他们以外他还能做什么？还能做的就是拿起手中的笔，去这个世界寻找他内心的平静。拿起画笔去描绘这样一个看起来并不美妙的世界，拿起画笔去描绘那灯光下的旷工，那旷野里面的花草。虽然，这并不为他的整个家族所赞赏，终日只是画画而没有"正经的工作"，他的家族容不下这样一个"无用的人"。

只有提奥（梵·高的弟弟），他是梵·高和这个世界的连接者，始终如一地支持和赞助梵·高的绘画生涯，哪怕是在梵·高和家族中所有人决裂了，梵·高遭到周遭所有人唾弃，要娶一个怀着别人孩子的妓女时，也一如既往地支持和崇拜着哥哥，甚至还为哥哥的这一举动骄傲和感动不已，也从街上带回一个"女病人"，照料她，仿效哥哥的样子希望娶她。梵·高那些描绘矿工、描绘烈日下的风景、描绘吊桥、描绘教堂的画，在当时没有一个人欣赏，朋友的离去、精神的高度敏感和长期颠沛流离的生活，使梵·高患了"热病"甚至精神障碍。但梵·高依然是提奥心中最引以为豪的哥哥，是他内心永远的挚友，他为梵·高省吃俭用十年资助梵·高进行绘画创作，他收集梵·高写的所有信件，所有画作，钢笔、铅笔、水彩、油画，都那么仔细、小心地保存着，甚至为新生的孩子取名叫：文森特·梵·高。只因为那是他从小一起长大的哥哥，他爱梵·高。

《梵高传》，（美）欧文·斯通著，常涛译，北京十月文艺出版社

三、跌宕起伏的情感

生命中梵·高爱过的人只有两个，乌苏拉和表姐凯。在面对乌苏拉和表姐凯的时候，他只是一味地表达，以为这个世界是我爱你，你就会爱我。可是他却被赶出了乌苏拉的家，面对凯的父亲，烧焦了自己的一只手掌。克里斯汀和拉舍尔都是妓女，然而，对于梵·高来讲，克里斯汀是唯一给他温暖的女人，她为他缝补衣物、做饭，温暖着画家苦涩的、干涸的内心。两次爱情的失败已经使他封闭了自己；但对克里斯汀的情感，是相依为命、相互取暖的；在遇到玛高特的时候，玛高特那炙热的爱情让他终于认识到爱情是两个人的事，也终于清楚地明白了乌苏拉和凯为什么要拒绝自己，但和玛高特的感情，最终夭折在玛高特的妈妈和四个未婚姐姐的手中。画家的情感在此终结，四段感情的纠葛让他没有失去爱的能力，在妓女拉舍尔的面前，他依然用那纯真的爱去珍惜她，甚至献出了他的一只耳朵。

四、内心的寻找

如果说梵·高仅是一个有着出众绘画天赋的人，或者他不会有今天的成就。古比尔的工作让他对古往今来绘画的发展了如指掌，生性敏感的性格让他对自己和世界总是充满怀疑，爱情的失利让他开始了内心的寻找，瓦姆传教士的生活，与家庭成员的关系，在巴黎与印象派画家的结识，甚至饥寒交迫的生活，都为他后来的事业做足了准备。梵·高代表着这样一群人：他们内心情感丰富，极为敏感，从不屈从于世俗，一直在寻找自我，无论世事变化，生活如何困窘。从 27 岁到 37 岁整整 10 年，他从未放弃过内心的探索和寻找，那种挣扎，是顽强生命的象征，一如他的画《吃土豆的人》《纽恩南教堂》《夕阳和播种者》《奥维尔教堂》，从灰暗晦涩的调子到明亮长条的笔触，那衰弱生命中蕴含的生机从未停止。他在寻求内心激荡感情的释放，从乌苏拉到拉舍尔；他也在寻求内心的表达，从铅笔、水彩、油画，每一个小作都在寻求内心最为真实和深刻的表达，内心深处的呐喊和挣扎终于要了他的命。

这不过是他以为的艺术：普通的，大众的，真实的、深刻表达。他总是这样，对色彩、对绘画、对真理、对自然、对人们、对周围的一切怀有孩童一般的极致热爱。

他是个疯子，患有热病，患有癫症，有一个充满了幻觉的脑袋，能创作出《星夜》，也能让他割下耳朵，能和高更、修拉谈论19世纪末期绘画的发展，也能掏出手枪对准太阳穴。

他死了，提奥在他死后六个月由于悲伤过度而去世，梵·高家终于安静了。没有人再"胡言乱语"，没有人再惹怒他们，圣雷米也终于安静了，少了一个病人整天到院长办公室吵闹要去后山画画。

巴黎开始热闹了，英国、荷兰、德国的画家们很快就会热闹起来。属于他的时代，很快即将来临，现代艺术的大门被悄悄打开了，新艺术运动、表现主义、未来主义接踵而至，人们可以肆意地欣赏静物的美，可以随意挥洒手中的画笔，画出喜欢的调子，挂在家里，放进博物馆，表达内心的想法，表现他们对世界的认识，这将成为现代艺术的主打调子。历史会记住这个疯子，现代艺术史永远会为文森特·梵·高留下属于他的那一页，人们会记得这个用生命绘画的红头发傻瓜。

勾红叶

【作者小传】

　　勾红叶，女，汉族，1983 年生于四川绵阳，博士，副教授，现任西南交通大学桥梁系教师。

　　主要研究方向为大跨度桥梁结构行为及设计理论、既有桥梁结构损伤识别与健全性评估理论。近年来主持国家自然科学基金 1 项，原铁道部科技攻关项目 1 项，中央高校基本科研业务费青年教师百人计划资助项目 1 项。主研纵向科研项目 10 项，主研横向科研项目 30 项。获发明专利 1 项，实用新型专利 1 利。截至目前，作为第一作者或通讯作者发表学术论文 33 篇，其中 SCI 收录 2 篇，EI 收录 11 篇，ISTP 收录 1 篇，CSCD 收录 2 篇。2012 年获留学人员培训部外语高级培训班结业证书；2013 年，赴美国乔治梅森大学进修学习，并访问宾夕法尼亚大学、哈佛大学、麻省理工学院、耶鲁大学、哥伦比亚大学和普林斯顿大学。

读《中国哲学简史》有感

《中国哲学简史》，冯友兰
著，北京大学出版社

选择读冯友兰的《中国哲学简史》是因为自己一直喜欢哲学，尤其是喜欢渗透中国古典文化的哲学。虽然很多人说这本书晦涩难懂，然而在我看来，它已是将中国几千年的哲学思想以最简单的方式呈现给了读者，因为毕竟这本书的最初目的是为了给外国人上中国文化课。毋庸置疑的是，这本书的英文版在当时绝对堪称是国外第一本对中国哲学从古代直到近代，进行全面介绍的英文书籍。而冯友兰更是中国知识界公认的最优秀的学者之一。它的问世，为外国人了解中国哲学起到了极大的推动作用。而它被翻译成为中文后，也不失为一本言简意赅、轻松易懂的中国哲学读物。

读完这本书，首先要纠正自己的一个错误观念，"道家与道教相近"。道家是一个哲学学派，而道教是宗教，两者有其区别。道家与道教的教义不仅不同，甚至相反。道家教人顺乎自然，而道教教人反乎自然。举例来说，照老子、庄子讲，生而有死是自然过程，人应当平静地顺着这个自然过程。但是道教却教人避免死亡的"原理"和"方术"，显然是反乎自然而行的。但道教有征服自然的科学精神。

下面是从这本书中得到的一些思考和启迪：

思考一：我国的经济高速发展了 30 多年，可是为什么很多领域的核心技术还是掌握在别的国家手中？

谈起这个话题，很多人会说，我们国家底子薄、人口多、起点低。这个原因无法解释，第二次世界大战期间美国把日本好多大城市都炸成了废墟，但短短几十年的工夫，日本品牌便风靡全球。当然其中的原因会有很多，个人认为最关键的一点，干什么事情总是认真不得。这点可以从中国哲学里面找到理论依据，"反者道之动"理论。这个理论说，在自然界和人类社会的任何事物，发展到了一个极端，就会转向另一个极端。这个理论对于中华民族影响很大。由于相信这个理论，即使在繁荣昌盛时也保持谨慎，即使在极其危险时也满怀希望。在抗日战争中，这个思想为中华民族提供了一种心理武器，这种希望表现在这句话里："黎明即将到来。"正是这种"信仰的意志"帮助中国人民度过了这场战争。这是其有利的一面。其不利的一面，简单点说就是"毋太过"，不及比太过好，不做比做得过多好。因为太过和做得过多，就有适得其反的危险。这种理论映射到现实生活中就是干什么事情不能太认真。

思考二：古代历史上的朝代更替，为什么其内容总是在不停地重复和原地踏步？

"兴，百姓苦，亡，百姓苦"，这一句古语道出了无论朝代如何更替，都给普通老百姓带来了巨大伤害。究其原因可以从家族制度说起。

农民只有靠土地为生，土地是不能移动的，作为土地主也是如此。除非他有特殊的才能，或是特别走运，否则他只有生活在

《中国哲学简史》，冯友兰著，生活·读书·新知三联书店

他祖祖辈辈生活的地方，那也是他的子子孙孙继续生活的地方。这就是说，由于经济的原因，一家几代人都要生活在一起。这样就发展起来了中国的家族制度。

家族制度过去是中国的社会制度。传统的五种社会关系：君臣、父子、兄弟、夫妇、朋友，其中有三种是家族关系。其余两种，虽然不是家族关系，也可以按照家族关系来理解。君臣关系与父子关系类似，朋友关系与兄弟关系类似。通常人们也真是这样来理解的。

由于同样的原因，祖先崇拜也发展起来了。居住在某地的一个家族，所崇拜的祖先通常就是这个家族中第一个将全家定居此地的人。这样他就成了这个家族团结的象征，这样的一个象征是一个又大又复杂的组织必不可少的。

这种社会组织形式以家族共同利益为基础。其社会制度可以叫作家邦。因为在这种制度之下，邦是用家来理解的。在一个家邦里，社会组织就是独裁的，分等级的，因为在一家之内，父的权威天然地高于子的权威。所以无论换了谁上台，为了维护自己

家族的利益和统治都要搞独裁，还要耍起原来的旧把戏，顶多就是新瓶装旧酒。

思考三：哲学与我们的生活密切相关，为什么它在生活中很少"浮出水面"？

中国哲学的任务不是增加关于实际的积极的知识，而是提高人的精神境界。既然是提高人的精神境界，为什么不能把这些哲学具象化或仪式化，便于学习和推广？比如日本从中国学习汉唐服饰，然后结合自己国家的特色，形成了和服，最终固定并代代传承下来。还有喝茶和插花，到了日本最后都成了一门艺术。反观我们的生活中，却鲜有这样的例子。

冯友兰说，形上学有两种方法：正的方法和负的方法。正的方法的实质，是说形上学的对象是什么；负的方法的实质，则是不说它。这样做，负的方法也就启示了它的性质和某些方面，这些方面是正的描写和分析无法说出的。

西方哲学以其所谓"假设的概念"为出发点，中国哲学以其所谓"直觉的概念"为出发点。其结果，正的方法在西方哲学中占统治地位，而负的方法在中国哲学中占统治地位。

在中国哲学史中，正的方法从未得到充分发展，事实上，对它太忽视了。因此，中国哲学历来缺乏清晰的思想，这也是中国哲学以单纯为特色的原因之一。由于缺乏清晰思想，其单纯性就是非常素朴的。单纯性本身是好的，但其素朴

《中国哲学简史》，冯友兰著，北京大学出版社

《中国哲学简史》，冯友兰著，世界图书出版公司

性必须通过清晰思想的作用加以克服。清晰思想不是哲学的目的，但它是每个哲学家都不可缺少的，也是中国哲学家所需要的。

由此可见，中国哲学不是用正的方法给事物下定义，界定的事物往往缺乏清晰度，给人一种朦朦胧胧的感觉，让人难以拿捏。同时，不擅长把事物具象化，似乎一具象化就容易出问题，不是对，就是错，容易走极端。从而，不便于学习和推广，难以形成较大的影响力，也不容易有"浮出水面"的东西。

《中国哲学简史》一书中将人生划分为四个境界，即自然境界、功利境界、道德境界、天地境界。现实生活中大部分人都处于功利境界。但我们教师应该处在道德境界，教师是人类文化、科学知识的传播者，又是伦理、道德的传授人，担负着培养、教育下一代的光荣而艰巨的任务。教师良好的道德人格不是与生俱来的，也不可能自发地形成，而是在后天的社会实践中形成的。教师只有在教育实践中，通过努力学习，认识到社会发展的规律和特点，了解到社会主义教师道德的内容和意义，并通过自身的修养，将认识内化为自己的道德情感、意志和信念，不断外化为自己的道德行为和习惯，才能形成一定的道德品质。

郭　剑

【作者小传】

郭剑，男，汉族，1981 年生于四川省富顺县，硕士，在职工学博士（土木工程桥梁方向）在读，研究实习员，现任西南交通大学实验室及设备管理处设备科副科长。

主要研究方向为仪器设备管理、实验教学管理。2014年参与国家级项目"高等学校仪器设备和优质资源共享系统仪器平台校际互通建设"子项目——"西南交通大学仪器平台校际互通建设"的相关工作；在核心期刊发表实验室建设、仪器设备管理方面的论文 10 余篇。曾获西南交通大学"优秀共产党员"称号。作为完成人之一，成果"创新理念，强化能力，开拓实验教学大众化教育与个性化培养相结合的新路子"获得 2009 年国家教学成果二等奖、四川省教学成果一等奖。

也曾抱有"家国天下"的志愿和情怀，当我开始正视现实与理想的差距时，发现自己或许只能从"修身"做起。深信开卷有益，故所学庞杂，却无一专精。对于我个人来讲，多读几本书，能让自己纷乱浮躁的心多一刻宁静便是最大的收获。

重新点燃心中那一团不灭的火

——读《约翰·克利斯朵夫》

晃眼间，已经大学毕业留校工作十年有余，突然感觉岁月不再青葱，而自己也与当年的激情和梦想渐行渐远。在时光的大河里，是要做浑身棱角却细小卑微的沙砾，还是圆滑如卵石般苟活，当心灵不再纯净而是充满矛盾和迷茫，更缺乏探索未知和迎接挑战的勇气时，生活自然变得庸碌且索然无味。在最近的一次交谈中，一位始终对工作和生活充满激情、浑身流溢正能量的师长看到了我眼中的困顿和迷茫，向我推荐了《约翰·克利斯朵夫》，让我到书中去寻找答案，重新点燃心中那一团不灭的火。于是，我带着朝圣般的敬意，打开了这部大气磅礴的英雄史诗。

《约翰·克利斯朵夫》是法国著名作家罗曼·罗兰的代表作，这位文学巨匠用文字塑

《约翰·克利斯朵夫》，（法）罗曼·罗兰著，傅雷译，人民文学出版社

造了以乐圣贝多芬为原型的一代音乐巨擘，也可以说是这位文学偶像向他自己的音乐偶像的致敬之作。对于这样一部曾获诺贝尔奖的鸿篇巨制，我以往一般是敬而远之的，自认没有那么高的理解能力和文学底蕴。这次却甫一接触便深陷其中，除了一开始便带着啃读教科书般的决绝，用心去阅读、体会和思考以外，更主要的是因为作品本身具有强大的吸引力，文字细腻优美而非艰深晦涩，情节跌宕起伏，扣人心弦。当然这也得益于译者傅雷先生深厚的翻译功力和对作品的深刻解读，成功地为读者开辟了一条通往宝库的路径。自称"宝山向导"的傅雷先生在序文中写道：切不可狭义地把《约翰·克利斯朵夫》单看作是一个音乐家或艺术家的传记，而是古今中外英雄圣哲征服世界的一部历险记，是贝多芬式的一阕大交响乐。他认为真正的英雄绝不是永没有卑下的情操，只是永不被卑下的情操所屈服罢了，因此书中塑造的新英雄克利斯朵夫比同时期其他作品中塑造的"超人"形象更富于人间性、世界性、永久性。

克利斯朵夫确实不是神明般高高在上的英雄形象，他诞生在德国莱茵河畔的一个小城，没有显赫的家世背景，没有优越的生活和良好的教育条件，只有能力平庸并且完全被现实击溃的酒鬼父亲和普通而善良的厨娘母亲。同很多普通的少年一样具有强烈的自尊心，只是天生具有艺术家气质的他较常人更加敏感、内向甚至有一些神经质和偏执狂。好在幼年时期的克利斯朵夫得到了祖父和舅舅关键性的指引，身为宫廷乐队指挥的祖父教会他如英雄般坚毅、果敢、自信，身份低微的货郎舅舅则教会他像大地般谦恭、真诚、良善。两种不同的教育，两种截然不同的性格同时渗透在克利斯朵夫的意识里，伴随他走过英雄的一生。随着故事的展开，克利斯朵夫经历了梦幻般的年少成名，经历了青春期的混沌、暧昧、矛盾、骚乱，经历了亲人去世的苦痛以及对死亡的恐惧和对生命意义的怀疑，经历了维持家庭生计的艰辛，经历了或真实或虚幻的、成功的或不成功的、完整的或不完整的友情和爱情，经历了青年时期肆无忌惮的抨击和抗争，经历了阴谋与背叛。总之，该经历或不该经历的，想经历或不想经历的，他都经历过了。

他并非天生的强者，他也曾经软弱无助过，曾经孤独彷徨过，也曾经失败、气馁、自我否定过。正如作者在书中所讲："失败可以锻炼一般优秀的人物，它挑出一批心灵，把纯洁的和强壮的放在一边，使它们变得更纯洁更强壮；但它把其余的心灵加速它们的堕落，或是斩断它们飞跃的力量。一蹶不振的大众在这儿跟继续前进的优秀分子分开了"。继续前进的克利斯朵夫最终声名鹊起，成为名震欧洲的大音乐家。纵观克利斯朵夫的一生，可以明显地感受到他永远不被苦难压倒，永远有所追求的强有力的高尚灵魂。他也许不能改变环境，却有力量抵御环境对他的腐蚀与侵袭；他也许在追求中屡遭挫败，但他毕生战斗，像一条永不静止的河流。作品始终张扬了一种崇高伟大而又刚健清新的人格精神，倡导了一种自强不息的积极的人生观。

《约翰·克利斯朵夫》，（法）罗曼·罗兰著，韩沪麟译，译林出版社

罗曼·罗兰曾直言其写作目的："我的首要职责，在于将人从

虚无中抢救出来，在于不惜代价地给人灌输魄力、信念与英雄主义。"不得不说，通过克利斯朵夫这一英雄人物的成功塑造，他的的确确达到了目的，起码我通过它的作品感受到了强大的力量。傅雷先生在序言中指出，克利斯朵夫的姓 ——克拉夫脱在德文中就是力的意思。在我看来，克利斯朵夫最重要的性格特征同时也是最重要的精神品质是他身上的"力"，即坚强独立的个性，顽强奋斗的意志，崇高倔强的灵魂，这正是其形象的意义和价值之所在。克利斯朵夫的精神之力，正是现阶段的我最缺乏也是最渴望拥有的，因此，对于我而言，这就是我所体会到的，也是作品赐予我最宝贵的东西。

在这里，我还想讲述一个身边的、现实的克利斯朵夫的故事。那是我一个儿时的同学兼玩伴，他有着比故事的主人公更加不值一提的家境和出身。双亲都是地道的农民，父亲体弱多病，家中除了几间破旧土坯房外再无其他像样的财物。为生活所迫，天资聪慧的他不得不中学毕业后就外出打工，养家糊口。外出的头十年，他几乎走遍了神州大地。在建筑工地打过零工，当过杂货店伙计，干过餐饮店跑堂，在制衣厂当过车工，别人介绍能挣钱的地方、能挣钱的门道，他几乎都试过了。但始终，他都没有放弃自己的理想，不论工作有多累多忙，他都要抽时间学习，不断调整自己人生的方向，一步步踏上成功的路径。最终，他从普通销售人员做起，又用了近十年的光阴，最终成为了一家大型企业的主人。同学聚会时，有人问他成功的秘诀是什么，他坦然说道，即使生活再三把我逼到绝境，我都挺过来了，仅此而已。这与小说的原型 ——贝多芬誓要"扼住命运的咽喉"何其相似。

小说的最后，主人公已经成为且仁且智的"圣·约翰·克利斯朵夫"，如同他家门口那条从阿尔卑斯山奔腾而来的莱茵河最终缓缓汇入大海一样，他变得宁静而柔和。有人把这看作英雄迟暮，也有人把这看作最后的妥协，当然也有人把这理解为睿智和成熟。在我看来，不管怎样，没有尽情嘶鸣又岂能安心蛰伏，没有置身风暴中心又怎能体会风雨后的宁静。

所以，不论结果如何，像我这样快不再年轻或正在年轻的朋友们，趁青春，像个勇士一样去战斗吧!

张秀峰

【作者小传】

　　张秀峰，男，1961 年生于河北灵寿，工学博士，教授，现任西南交通大学峨眉校区常务副校长。

　　主要研究方向为电能质量、谐波无功负序综合补偿技术、高速铁路同相供电技术。主持、主研国家科技攻关项目 4 项、发明国家专利 2 项，主持、主研多项国家、省部级科研、教改项目；在《中国电机工程学报》《中国铁道科学》《铁道学报》等期刊上发表论文 40 余篇；获省部级科技进步奖、国家教学成果二等奖、四川省教学成果一等奖等多个奖项。《光明日报》《中国教育报》等媒体多次报道相关教育教学改革的成功经验和举措。

《国富论》读后感

——"看不见的手"的神奇作用

　　大多数创作，经过一年半载，至多不过一个世纪，就永远被人遗忘了。但有些创作却不同。从 1776 年面世到现在，《国富论》已经经历了两个多世纪，依然光彩夺目，熠熠生辉。在经济领域，《国富论》有着十分广泛的影响力，用约瑟夫·熊彼特的话说："……不仅是所有关于经济学著作中最为成功的，也是迄今为止所有科学著作中最为成功的，和达尔文的《物种起源》可以一较高

《国富论》，（英）亚当·斯密著，谢祖钧等译，中南大学出版社

下。"不少国家至今都把《国富论》奉为宝典，很多经济学家，如巴蒂斯特·萨伊、大卫·李嘉图、卡尔·马克思、约瑟夫·熊彼特、梅纳德·凯恩斯，以及当代著名的经济学家都直接或间接受其影响。

　　《国富论》首次全面系统地阐述了经济运行的机制与基本规律，包括劳动分工、价格机制、工资、利润、企业家承担

的时间风险、利息、地租、资本与税收以及政府的作用等，其中包含着大量真知灼见。然而，亚当·斯密最重要的贡献不是这些局部分析，而是发现了"看不见的手"在经济运行中的重要作用。亚当·斯密说：在市场经济中，每一个人都在追求个人利益——包括追求财富、荣誉，以及满足自己的欲望等，但受一只"看不见的手"——市场力量的影响，使每一个人在追求个人利益的同时，也为社会创造了更多的财富和更大的价值，而且比主观上为他人和社会创造的价值更大。

美国加州大学伯克利分校经济学家德隆（J.Bradford Delong）研究发现：1750年前约250万年时间，世界人均GDP几乎没有什么变化。但从1750年到2000年，只用了250年时间，世界人均GDP猛然增加了37倍。为什么250年的经济贡献远远超出前250万年呢？是因为人类在两百多年前开始实行了一种能够使"看不见的手"发挥最大魔力的经济运行模式——市场经济。尽管世界各国的资源状况、地理环境有很大差异，但发达国家并非一定是资源丰富、地理环境优越的国家，而是那些能够很好地利用"看不见的手"来造福于人民的国家。

美国与《国富论》有着不解之缘，《独立宣言》就发表于《国富论》出版的同一年，也许是由于这种渊源，美国受《国富论》思想的影响也最为深远。自由经济在美国备受推崇，让看不见的手发挥最大魔力，不仅是美国管理市场经济的基本原则，也是治理国家、社会和高校的基本方针，尽管有时会偏离这个原则，但利用看不见的手治理国家、社会和高校的这种观念深入美国人的骨髓，根植于美国大地的各个角落。用美国建国初期最流行的话说：让人们自行其是，而不要让政府沉重的手来指导他们的行为，结果往往会最好。

改革开放后，中国实行了社会主义市场经济，"看不见的手"的威力得到了更好的施展，迎来了30多年的经济奇迹。我国的产品市场、劳动力市场、资本市场、土地市场和技术市场等各种市场的发展状况参差不齐，也与"看不见的手"能不能得到发挥有直接关系。如果市场受政府过度干预或管制，制约了"看不见的手"发挥作用，那么这类市场的发展就会受阻碍。如中国的汽车市场，从计划经济几十年到改革开放后很长时间，政府管制非常严格，以至于有能力想生产汽车的企业也无法得到政府的批准，影响了中国品牌汽车的发展。当今我国的汽车市场几乎都被合资企业生产的汽车所占领，很难说与政府的过度管制不无关系。资本市场、土地市场以及劳动力市场同样出现了许多问题，发展受到限制，原因也是如此。

《国富论》，（英）亚当·斯密著，郭大力、王亚南译，译林出版社

毋庸置疑，当前，还没有哪一个国家哪一种经济模式能够完全依靠"看不见的手"而运转得一帆风顺。恰恰相反，每个市场经济几乎都遭受到制度不完备之苦，不少国家都曾经历了过度污染、贫富两极分化、大量失业等问题的困扰。只有发挥政府这双"看得见的手"，才能解决好市场的外部性、垄断、贫富悬殊等问题。政府的主要职能就是制定游戏规则，充当裁判、警察，保障"看不见的手"施展其最大的魔力，确保市场的效率与公平。要实现市场繁荣，既需要发挥好"看不见的

手"的作用，也需要发挥好"看得见的手"的作用，当前我国重点是要管住政府这双"看得见的手"。如十八届三中全会所说："经济体制改革是全面深化改革的重点，核心问题是处理好政府和市场的关系，使市场在资源配置中起决定性作用和更好发挥政府作用。市场决定资源配置是市场经济的一般规律，健全社会主义市场经济体制必须遵循这条规律，着力解决市场体系不完善、政府干预过多和监管不到位等问题。"

《国富论》，（英）亚当·斯密著，杨敬年译，陕西人民出版社

"看不见的手"之原理对办好高等教育也有重要的指导意义。美国是拥有世界一流大学最多的国家，也与"看不见的手"利用得好有直接关系。在美国没有专门的高校管理机构，按市场逻辑管理高校，按市场机制配置资源，高校之间公平竞争。在高校的内部，从教师聘任、校长任免到各种学术或行政的活动等，处处可见"看不见的手"在发挥作用。与美国相比，欧洲的大学历史更悠久，但受政府的管制多，发展也相对缓慢。在中国，行政命令依然是政府管理高校的重要手段，高校行政化，办学活力不高，缺乏办学自主权。如，校长任命、教员编制、课程设置、学位设立、招生名额、学费标准，甚至办什么专业、办什么学科以及进行国际交流都需要听取政府的指导意见。办学经费和资源也是由政府部门主导，而资源匮乏又是制约高校发展的瓶颈，因此竭尽全力向政府争取资源便成了高校的重要工作。高校为争取重点实

验室、重点学科，争抢重大科研项目，争取博士点而忙得团团转，不得不耗费大量的人力和物力，而学校真正有价值的工作却受到了严重冲击。过度集权还容易滋生腐败，难免出现向掌控和主宰资源流向的主管部门寻租的现象。

大学的重要使命是学术创新，学术创新的源泉来自于人的自由本性，需要自由创造的空间，需要行政手段提供服务和保障，但过分依赖行政管理手段，用行政化的逻辑完全取代学术自治的逻辑，会使高校、学院和学者失去主观能动性，导致学术创造力下降，学术活力消失。哈佛大学前校长德雷克·博克说：在高等教育领域，强制规定不可能带来最佳结果，没有人是通过命令才好好授课并提高教学质量，当然也没有人是通过强制和命令才好好研究并创造成果。

《国富论》，（英）亚当·斯密著，严复译，世界图书出版公司

读《国富论》，不由自主地想起《物种的起源》，两部著作涉及的领域完全不同，阐明的规律却惊人地相似。"公平竞争、自然选择"既是大自然亘古不变的法则，也是"看不见的手"作用下市场经济的基本原则，同时也符合大学的内在逻辑。尊重并利用这一规律，才能使经济繁荣，使社会进步，才能最大限度释放大学的教育生产力、学术创造力和思想影响力，创造生态的学术环境。

与市场经济相似，大学同样离不开政府的支持，需要政府进行宏观调控。大学内部也需要强有力的管理。但就我国的实际情况来看，高等教育亟待解决的是政府干预过多、监管不到位和行政化严重等问题。处理好政府与高校、行政管理与学术管理之间的关系，也是我国教育体制和管理方式改革的目标。

黄雪娇

【作者小传】

黄雪娇，女，1989 年生于四川简阳，在读研究生，助教。现任土木工程学院辅导员。

参与西南交通大学科学研究基金（辅导员专项）重点项目 1 项。曾获得西南交通大学三下乡"优秀指导教师"和"优秀学生工作者"称号，并获西南交通大学首届辅导员职业能力大赛三等奖、西南交通大学"经典悦读"读书活动优秀征文奖和西南交通大学就业先进个人综合奖。

处在这个快速发展的信息化时代，网络快餐文化冲击着我们的视野，同时伴随着工作、生活和学习压力的增大，阅读越来越成为一件"奢侈"的事情。所以，能够在一个清闲的午后或傍晚，泡一杯清茶，捧起一本自己喜爱的读物，沉浸在书中的世界，想想就是件很幸福的事情。

The more you desire, the more you will feel empty，所以每次游走于图书馆书架之间，就感到读书甚少，越读书就越感到无知。作为一名新时代女性，我觉得读书和旅游这两件事情能够提高思想认识，开阔视野见识，最重要的是能够让自己的人格更加独立和包容，所以身体和心灵都要同时出发，在路上！

游走于科学世界边缘的思考

——读《世界著名科学家演说精粹》

最开始读这本书皆因"演说"二字而起，原以为可以从这本书中学到一些演说的技巧，而真正开始阅读此书后才发现演说并非简单地表达观点，而从此书中得到的也远不止演说技巧那种流于表面的东西，科学家们投身人类科学发展事业的奉献精神和富含哲理的箴言才是此书真正启发和激励我的精髓。

我国历史学家周谷城先生在书的总序中这样说道："演说就是向听众发表某个现实问题的见解，或阐明某种事理。"那么从广义上来说，演说时刻发生在我们的身边，例如父母教育孩子时需要一番语重心长的演说，总统就职时需要一场激励人心的演说，律师为当事人辩护时需要一番逻辑缜密的演说，老师授课时需要一堂循循善诱的演说，甚至于朋友失恋时需要一次抚慰心灵的演说，

《世界著名科学家演说精粹》，朱长超著，百花洲文艺出版社

所以暂且可以这么说：人人生而为演说家，一个人的一生要听许多次演说，同时也会发表不少次演说。也许此时你对此观点抱有疑虑，那么可能是因为你的演说潜质还没被挖掘到，或者只是时机未到。

小时候有的小伙伴说他的理想是成为一名科学家，而我从未有过这样的想法，在我的脑海中科学家就是诸如爱因斯坦、达尔文、居里夫人等这一类神秘群体，对于小学语文课本中的这些神秘人物的感觉是可望而不可即的，他们的思想境界更是常人所不能领略的。《世界著名科学家演说精粹》中收录了49位著名科学家的54篇文章，将54篇演说分为5个部分，分别是科学与社会、科学家的道路、科学的纵横、科学与创造和科学的前沿，极大地满足了我对科学家的好奇心。褪去那些伟大科学成果所赋予的神圣光环，我更愿意以一种看待普通人的眼光去阅读，这样才能让我真实地看清作为一个普通人，人生应该形成何种意识形态来让生命更加精彩。关于读后感悟，除了对演说更为广义的理解外，我在科学边缘做了一点思考，向自己提出了以下两个问题。

问题一：社会责任感在哪儿？提出这样一个问题感觉与科学家貌似没有什么关系，实则不然，科学的进步推动了人类社会的快速发展，每一次伟大的科学变革都将改变这个世界，同时也改变人们的生活方式，乃至价值观念，然而科学给人类带来进步的同时也带来了潜在的危机，那么科学家的社会责任感就显得尤为重要。

书中第一篇演说《培养独立工作和独立思考的人》是爱因斯坦在纽约州立大学举行的美国高等教育300周年纪念会上的演讲，爱因斯坦指出学校的目标应该是培养独立工作和独立思考的人，启发学生产生对工作的热情和对工作成果的社会价值认识，他强烈呼吁学校让学生在轻松自由的环境下去追求最高财富——知识和艺术。

英国杰出的、涉猎领域广阔的哲学家、数学家、逻辑学家罗素在晚年致力于世界和平事业，积极从事反对核战争、反对越南战争的活动，联合多位科学家发表了这份反核战宣言——《置人类于末日，还是弃绝战争》，又称"罗素—爱因斯坦宣言"或"科学家要求废止战争宣言"，这份宣言结合科学家对核武器的了解、原子弹毁灭广岛带来的严重后果，向各国发出警告：要么摆在人类面前的是幸福、知识和智慧的不断进步，要么就是普遍死亡。

我们熟知的科学家夫妇皮埃尔·居里和玛丽·居里一起揭开了放射性物质研究的序幕，发现了化学元素钋和镭。在获得诺贝尔奖后，皮埃尔向皇家科学院发表了《镭的发现和对镭的担忧》演说，他阐述了镭的特性和镭在物理学、化学、地质学、生物科学等方面的重大意义，同时也抛出疑问："从新发现中得到的是裨益，还是它将有害于人类？"引发人们思考镭可怕的一面。

写到这里我不得不对这些伟大的科学家们深表歉意，因为在我的脑海中科学家就是徜徉在实验室，IQ 高于 150，两耳不闻窗外事，一心只为搞科研的"狂人"，但不得不说他们是一群有责任感的"狂人"。司马光在《资治通鉴》中分析智伯无德而亡时写道："才德全尽谓之圣人，才德兼亡谓之愚人，德胜才谓之君子，才胜德谓之小人。"从古至今，以上四类人，最可怕的莫过于才胜德者，而我们后代人都应该感到庆幸，伟大的科学家们将他们的智慧用于人类科学事业发展的光明道路上，他们用强烈的社会责任感捍卫了人类的可持续发展。

如今，我们应该扪心自问，我们的社会责任感在哪儿？一个有社会责任感的人应该具备以下三种品质：坚持道德上正确的主张，坚持实践正义的原则，愿为他人做出奉献和牺牲。一个社会的基本构成元素是自然环境、人口、文化以及由生产关系派生的各种社会关系，那么狭义地看，社会责任就是对环境、人类和文化的责任。所以，虽然我们不能像科学家们拥有强大的力量去传播正确的教育理念、抵制核战争的爆发、警示人们科学成果的危险性，但也请不要自暴自弃地认为我们是没有社会责任感的一代，从最简单的事情做起，爱护环境，友善待人，珍视传统文化，也是有社会责任感的体现。

问题二：是什么推动着前进的脚步？马克思曾说："科学的入口也像是地狱的入口。"对科学的探索，就是对人类智慧的探险，而科学家就是这未知世界的探险家，探险之路必然少不了曲折与迷茫，科学家仅凭聪明的大脑就能顺利抵达真理的殿堂？这显然是不可能的，探险家们在未知世界里披荆斩棘，不仅要与传统思想、宗教信念、现有理论做斗争，还要将自我的观点不断推翻，再建立，再推翻，再重建，经历这样一个周而复始的"炼狱"过程。亦如你完成一篇毕业论文的痛苦经历一样，但你是否想过到底什么是科学探索中毅力和耐心的源泉？

90 岁高龄的生物化学家李约瑟在"福冈亚洲文化特别奖"授奖大会上发表演说《以广阔的视野思考问题》。他回顾一生所有成就都受益于年少时一位校长对他的忠告"要以广阔的视野思考问题""要找到能激励自己去执着追求的东西"，这也是他一生坚守的信条，能找到自己去执着追求的东西是何其的幸福！

意大利科学家布鲁诺拥有传奇的一生，勇敢地捍卫和发展了哥白尼的太阳中心说，由于批判经院哲学和神学，反对地心说，最终被宗教裁判所判为"异端"烧死在罗马鲜花广场。在这斗争的过程中有这样一篇演说《真理面前半步也不后退》。他是在向宗教教义挑战，向传统观念挑战，提出一种惊世骇俗的新世界观，就算是面临死亡也无所畏惧，在他眼里真理始终至高无上。

　　科学家的人生信念，是推动他们前进的力量源泉，而什么在推动我们？人们常常在简历中写到自己的座右铭，例如，"先相信你自己，然后别人才会相信你""天道酬勤""如果你觉得现在走得辛苦，那就证明你在向上走"，等等。无论是名言警句，还是朴实箴言，我觉得人总应该有一个自己的座右铭，而我所理解的座右铭就是一种人生信念，可以支撑一个人走过艰难坎坷并始终坚守的人生信念。

　　我的座右铭很简单，这是在本科学习期间一位学长无意间说到的一句话，但成为我一直坚持的信念："只要再坚持一下下，你就会获得别人望尘莫及的成功。"很多次当我想放弃的时候，我就在心里默念着这句话，然后咬咬牙就挺过来了。当我真正迈过去后，回首一看，大部分的"失败者"都是在想放弃的那一刻放弃了，而他们其实离"成功"已经很近了。我把这个过程称之为成功曲线，横坐标是付出，纵坐标是成功指标，一开始随着付出的递增，曲线斜率越来越大，当斜率达到最大值时，我们会感到付出与收获不成正比，似乎所有的付出都打水漂了，随之而来的就是放弃的念头。如果此时你仍然坚定，你应该暗自庆幸，因为大部分人都会在这个点选择放弃，而往往后面的曲线斜率会随着付出的递增而减小。这就是我的座右铭，也是一直推动着我前进的信念，希望可以与诸君共勉！

　　鉴于对《世界著名科学家演说精粹》一书还未能完全参悟透彻，我对科学家们的精神世界和科学的奥秘也知之甚少，以上感悟纯属个人拙见，希望大家批评指正。回归书名，科学家的演说与普通的演说有明显的不同，用编者朱长超的话说就是更多地显示了理性的严谨和真理的光芒，有很强的逻辑性和哲学性。此书中吸纳了几十位科学大家的至理名言，如能得到一两点启发，想必也能受用一生。

廖 军

【作者小传】

廖军，男，汉族，1982年生于四川双流，法学硕士，七级职员，现任西南交通大学校团委副书记。

主要研究方向为马克思主义基本原理。曾在《学校党建与思想教育》等核心刊物发表论文十余篇。曾获教育部和四川省教育信息报送先进个人、校优秀共产党员、校级党员示范岗、优秀学生工作者、优秀工会干部、招生工作先进个人等荣誉称号。

在偏远的山村里，小时候除了学校发的教材外，难得见到一本书了。那时最高兴的便是从远房亲戚家里淘到一两本小人书，《水浒传》《林海雪原》……天天翻个不停，常常是在一身泥泞滚着铁环、弹着弹珠的同伴前炫耀的美事——虽然并不怎么招伙伴们待见。长大后到城里求学，电影电视电子游戏见得多了，各种各类的书也多了，可是很难再有小时候那种捧起一本书从头到尾能背下来、甚至哪一页哪个人物的笔画印刷有误都清楚得丝毫不差时的满足感、快乐感、幸福感。人是需要对书的爱的，这种钟爱，很纯粹、简单，但会让你感到幸福和快乐。在浮躁、肤浅、快节奏的今天，尤其需要书的浸染和滋润，让你平静下来，让时间在书香中恣意流淌、曼妙而美好。

当那一天／你轻轻对我说／休息一下 休息一下／我唱支歌给你听听／我忽然低下头去／许多年过去了／你看我的眼眶里充满了泪水

这也许是于坚对小杏爱恋的热泪，更是对拥有过静美生活的幸福的泪。为沉静美好的人生，热爱书籍吧。

少者永怀

——再读《论语》

正月十六，按传统正是人们出门踏青之时。在雒城这个历史文化故地，一早除了街道商家开业的鞭炮声，便是熙熙攘攘、华

《论语》，孔丘著，张燕婴译注，中华书局

服盛装的人群欢声笑语地朝着同一个方向走去——房湖。房湖本是唐代名相房琯府邸，现已成为广汉民俗节庆日"保保节"的集聚圣地。在房湖，还有一处古迹，那便是祭祀孔圣人的文庙。一边是湖边象征十二生肖的十二棵古树旁人山人海的"拉保保"，一边是正对湖心庄严的棂星门后香客寥寥的祭孔祈祝。孔子"老者安之，朋友信之，少者怀之"（《论语·公冶长》）的

志向，难道就是这副光景？时隔多年，再读《论语》，在甲午新春雒城文庙前，心中不禁喟叹万分。

少时就熟知"学而时习之，不亦说乎"（《论语·学而》），"学而不思则罔，思而不学则殆"（《论语·为政》），讲的是我们要如

何学习。在《论语》里，孔子作为一代先师圣人对教育的述作甚多，后人也从中获益颇多。他强调学习重要，如"好仁不好学，其蔽也愚；好知不好学，其蔽也荡；好信不好学，其蔽也贼；好直不好学，其蔽也绞；好勇不好学，其蔽也乱；好刚不好学，其蔽也狂"（《论语·阳货》）；他弟子三千而有教无类，如"犁牛之子骍且角，虽欲勿用，山川其舍诸？"（《论语·雍也》）有杂毛、长相不美的耕牛，只要它儿子长有

《论语》，朱熹集注，金良年导读，胡真集评，上海古籍出版社

一身红通通的毛和端正的犄角，就算你因为它父亲的原因不用它，山川神灵也不会同意。以此作比表达对父亲是贱民而"可使南面"的冉雍的肯定和喜爱；他教育德行为首的复圣颜回，也教导性鄙好勇的卞之野人子路；他强调教育要注意时机，"不愤不启，不悱不发"（《论语·述而》），要因人而异、因材施教。如子路和冉有问孔子同一问题"闻斯行诸？"孔子却做完全相反的答复。公西华问为什么，他说："求也退，故进之；由也兼人，故退之。"（《论语·先进》）如此等等。再读《论语》，除对孔子教育理念有更直观的理解外，我更关注到"述而不作，信而好古"的孔子对仁的理解和践行，以及他坚守仁道绝不臣服的伟大精神。

《论语》中大约有一百多处谈到仁。比较集中的阐述在《里仁》《颜渊》《宪问》《卫灵公》等篇中。在孔子对仁和仁者的述作中，有专门定义的，如《颜渊》篇中，颜回、冉雍、司马牛、樊迟分

别向孔子请教何为仁，曰"克己复礼"，曰"出门如见大宾，使民如承大祭。己所不欲，勿施于人。在邦无怨，在家无怨"，曰"为之难""其言也讱"。樊迟多次问仁，在《颜渊》篇中子曰："爱人。"在《子路》篇中子曰："居处恭，执事敬，与人忠。"在《雍也》篇中子曰："仁者先难而后获，可谓仁矣。"子张也问仁于孔子，曰："能行五者于天下，为仁矣。"五者即"恭、宽、信、敏、惠"（《论语·阳货》）。此外绝大部分对仁的述作都是含蓄的、婉转的。如"孝弟也者，其为仁之本与！""泛爱众，而亲仁。"（《论语·学而》）"君子去仁，恶乎成名。"（《论语·里仁》）"仁者必有勇，勇者不必有仁。"（《论语·宪问》）"仁者不忧，知者不惑，勇者不惧。"（论语·宪问）"刚、毅、木、讷近仁。"（《论语·子路》）"君子可逝也，不可陷也；可欺也，不可罔也。"（《论语·雍也》）"志士仁人，无求生以害仁，有杀身以成仁。"（《论语·卫灵公》）"仁者乐山""仁者静""仁者寿"（《论语·雍也》），等等。

从孔子口中，对仁的含义可以约莫看到两条主线，一是个人修养与自我锤炼，体现为一种对高尚境界的追求，如上述"克己复礼""恭、宽、信、敏、惠""刚、毅、木、讷"等；一种是对民众和他人的关爱，体现为一种民为本、泛爱众的大爱，如上述"泛爱众""爱人"等。前者为古今所熟稔，后者则正是孔子周游列国而无善终的重要原因。孔子所处的时代，正是周天子羸弱而诸侯并起的大动荡大变革时期，是奴隶社会逐渐崩塌、封建社会逐渐兴起的时期。这一时期，孔子对仁的理解和坚守，定是不见容于当世各国当权者的。《左传》中曾记述季康子为了向百姓征收税赋，希望征得时为大夫的孔子的认同，就派孔子的徒弟冉有拜问孔子，孔子回答："丘不识也！"之后一言不发生气地看着冉有。

在《卫灵公》篇中，子曰："民之于仁也，甚于水火。水火，吾见蹈而死者矣，未见蹈仁而死者也。"进一步强调了对老百姓需要仁德。在《颜渊》篇中，强调"使民如承大祭"，要谨慎、仁德地役使百姓。凡此种种，都为孔子打上了反对横征暴敛、亲民爱民、藏富于民的光辉标签。在那个以剥削制度为基础的社会里，孔子能有此悲天悯人的大情怀，且矢志不渝、坚守一生，以至不为列国统治者所容，过着颠沛流离甚至一度于陈蔡绝粮，"累累若丧家之狗"（《史记·孔子世家》）的穷困生活，实在令人感佩不已！

说到孔子的矢志不渝，在那个贵族分封统治之初，统治者不顾百姓疾苦而横征暴敛、尽享礼乐腐朽的时代，为坚守仁道，几与当权分庭抗礼，不因富贵而臣，"饭疏食饮水，曲肱而枕之，乐亦在其中矣。不义而富且贵，于我如浮云。"（《论语·述而》）这是怎样一种人生境界？据《史记·孔子世家》记载，认为"孔子为政必霸"的齐国，为将孔子挤出鲁国，就对鲁国君臣施了美人计，"选齐国中女子好者八十人，皆衣文衣而舞康乐，文马三十驷，遗鲁君"。鲁国君臣中招，"桓子卒受齐女乐，三日不听政"。后来分发给大夫的祭肉也没有给孔子，孔子只好喟叹"吾未见好德如好色者也"（《论语·子罕》），无奈离开了鲁国开始周游列国，历卫、陈、曹、宋、郑、蔡、楚等国。"去鲁凡十四岁而反（返）乎鲁"。每到一国均先是受到欢迎和尊敬，而后便因政见不合，孔子难以实现自己的主

《论语译注》，杨伯峻今译，孔健日译，中华书局

张与仁道而离去。特别是在楚昭王令人聘孔子，孔子将要前往楚国时，陈国和蔡国担心孔子赴楚后会帮助楚国于己不利，于是在孔子去楚途中设役将孔子师徒一行围困在荒野之上。"不得行，绝粮。从者病，莫能兴。"孔子弟子们一个个饿得面黄肌瘦，爬不起来，而孔子却"讲诵弦歌不衰"。只有子路性情秉直，一脸恼怒地问孔子："君子亦有穷乎？"子曰："君子固穷，小人穷斯滥矣。"（《论语·卫灵公》）孔子最得意的门生颜回道出了孔子当时的境遇根由："夫子之道至大，故天下莫能容。虽然，夫子推而行之，不容何病，不容然后见君子！夫道之不修也，是吾丑也。夫道既已大修而不用，是有国者之丑也。不容

《四书章句集注》，朱熹，中华书局

何病，不容然后见君子！"孔子率弟子守道固穷，宁为仁道之行而忍饥挨饿、穷困潦倒，断不为权贵所动。仁道不为用，仍秉守坚持，方显君子本色！

悲哉！孔子。壮哉！孔子。站在雒城文庙前，虽香客寥寥，但见每一张虔诚笃信的神情，见面时颔首微笑的表情，我想，孔子没有离我们远去，我们也没有远离孔子。如太史公曰：高山仰止，景行行止。虽不能至，然心向往之。孔圣先师，少者当永怀之！

贾兆帅

【作者小传】

贾兆帅，男，汉族，1981 年生于山东省，管理学硕士，研究实习员，现任西南交通大学党委办公室秘书科科长兼党委常委会秘书。

主研铁道部项目"京沪高速铁路项目决策研究"，教育部人文社会科学研究专项任务项目"李达对马克思主义哲学中国化现实路径的探索"。发表《思政课精品课程建设需做到"六坚持"》《高等教育内涵式发展道路探析》《国际化背景下高校德育队伍建设的创新思考》等论文。

喜看各类杂书，无精通之本领，多为一知半解，常不敢妄言，聆听多于夸谈。与良书为友，可养浩然之气，修淡泊之心，探寻世间之大智慧；与经典为伴，可立圣人之肩，观沧海桑田，窥探世界之大奥秘。想得明白，行得端正，走得踏实，活得坦荡，足矣。

道不远人

——《道德经》中漫游有感

中国古代先贤一直在探寻哲学思想的一个终极概念——"道"。《道德经》中言："道可道，非常道。""道"似乎是一种不能言说的东西，或者说是一种"玄之又玄"的东西。"有物混成，先天地生。寂兮寥兮，独立而不改，周行而不殆，可以为天下母。"这就是"道"，以我们当代人的粗浅认知，常把"道"解释成"规律"，其实也不尽然。但毋庸置疑，"道"被看成是万物产生的根本或曰"众妙之门"，正所谓"道生一，一生二，二生三，三生万物"。古往今来，古圣先贤、仁人志士们都不断地去诠释"道"的内涵，或著书立说，或身体力行，在历史的长河中留下许许多多可歌可泣的感人故事。

尽管"道"看似深邃且莫测，然"道"无时无刻不在我们的身边，伴随左右，如影随

《老子》，老子著，饶尚宽译注，中华书局

形。孔子在《中庸》中讲："道不远人，人之为道而远人，不可以为道。"细思之，确实如此。我们时常讲，"为人"有"为人之道"，"处世"有"处世之道"，"学习"有"学习之道"，品茶有"茶道"，练武有"武术之道"，甚至常常挂在嘴边的一个词都是"知道"，知的必须是"道"，才算真正的"知道"。每时每刻无论我们身在何处、在做什么，"道"都是一种客观存在，与我们休戚相关、携手同行。我们需要做的其实就是去不断体悟和实践，所以说人这一辈子简而言之就是一个体道悟道的过程。把"道"体悟到了，就可以"仰天大笑出门去"，因为我们终于活明白了。这其实是很难达到的一种人生境界。

人，有时往往处在纠结、痛苦之中，思想陷入一个黑暗的死胡同而不知回头，或怨天尤人，或自暴自弃，人生于是陷入迷茫与混沌，无法开天辟地、高瞻远瞩。佛家讲"苦海无边，回头是岸"，要"看破红尘、六根清净"才能"不以物喜，不以己悲"。实际上讲的是我们要参透人生的真谛，还自己一片宁静。正如《西游记》中的一首诗说的"佛在灵山莫远求，灵山只在汝心头，人人有座灵山塔，好向灵山塔下修"，体道悟道实质上就是修身养性。《大学》中也讲："自天子以至于庶人，壹是皆以修身为本"。这是一个漫长且不间断的过程，"物格而后知至，知至而后意诚，意诚而后心正，心正而后身修"。所以，孔子说："吾十有五而志于学，三十而立，四十而不惑，五十而知天命，六十而耳顺，七十而从心所欲，不逾矩。"孔子到了七十岁才能"从心所欲""不逾矩"，而有些人一辈子也达不到这样的境界。我们都渴望着有一天终能参透人生之道，就如孔子所说的"朝闻道，夕死可矣"。

修身悟道，看似大而无用，却是安身立命之根本，可以让我

《老子校释》，朱谦之撰，中华书局

们以更加深邃的目光去审视社会，更可以让我们以一种宏大的视野去守护我们共同的精神家园。正如老子所言："昔之得一者，天得一以清，地得一以宁，神得一以灵，谷得一以盈，万物得一以生，侯王得一以为天下正"。在今天这个物欲横流的世界里，价值理性似乎越来越受到漠视，是非曲直的衡量标准也变得模糊了起来，人们的精神世界被物质所填充，似乎已经没有足够的空间去静静地思考，浮躁的大环境让人们忘记了需要宁静的灵魂。美国的印第安人曾说过：当我们走得太快时，应该停下来等一等我们的灵魂。今天的不少人在精神的荒漠中走着走着就成了没有归宿的"孤魂野鬼"，我们已不去探寻"道"的存在了：道太虚无缥缈，还是物质实在。于是，我们看到了一些"不择手段""争名夺利""笑贫不笑娼""有钱就是大爷"，"天下熙熙皆为利来，天下攘攘皆为利往"。

失道助长了贪欲的疯狂。我们社会中存在的很多问题，可能与"贪欲"是无法分开的。"人心不足蛇吞象"，明知不可为而为之，如飞蛾扑火，趋之若鹜。不是为了光明，而是为了占有，甚至都忘记了为何要去占有、占而何用，于是增添了无限的烦恼、恐惧。当我们去诵读《般若波罗蜜多心经》时，才知怎样才能没有恐怖之感："心无挂碍，无挂碍故，无有恐怖，远离颠倒梦想，究竟涅槃"，人心中有了太多挂碍，就自然会有恐惧之感。故而为人处世仍需节制，这或许可以用儒家的"中庸之道"来注解，过犹不及。所以，我常常也在想，尽管不少人都羡慕"土豪金"，但是"土豪金"们肯定无法体会到没有太多牵绊的普通人所拥有的轻松之感，普通人可以"赤条条来去无牵挂"。我想这并非"吃不到葡萄就说葡萄酸"，人幸福与否与财富多寡无必然的绝对关联，物极必反。正如《道德经》中说："持而盈之，不如其已；揣而锐之，不可长保。金玉满堂，莫之能守；富贵而骄，自遗其咎。"邵逸夫先生有句名言说"我的财富取之于民众，应用回到民众"，所以他是一个大慈善家，乐善好施，很多高校都矗立着"逸夫楼"，这是一种历尽繁华之后的道统回归，令世人敬仰。《道德经》中也有这样的阐述："是以圣人后其身而身先，外其身而身存，非以其无私邪？故能成其私。""上善若水。水善利万物而不争，处众人之所恶，故几于道。"

修身悟道，需认真品读诸子百家的经典著作。我常常在想：这些国学经典历经两千年的沧海桑田，在日新月异的当今社会依然能够熠熠生辉，迸发出强大的生命力，这足以说明它们阐发的释道之言入木三分、博大精深，都是大智慧。同时从另外一个视角来看，也说明人类跨越漫漫长路，无论世事如何变迁，总有一些东西是恒久不变的，这些东西也许就是"道"吧。此时之"道"与彼时之"道"并无二致。这也是"经典"之所以为"经典"的关键缘由吧。《道德经》中讲："人法地，地法天，天法道，道法自然。"所谓"道法自然"中的"自然"，也许不是"大自然"的意思，而是指"万事万物自身本来的面目"。所以说修身悟道是一个"去粗取精、去伪存真、由此及彼、由表及里"的过程。拂去事物本来面目上覆盖的层层尘土，让万事万物以真面目示人，正所谓"为学者日益，为道者日损，损之又损，以至于无为，无为而无不为"。于是乎我们也就开始活明白了，看清了"功名利禄"，看清了"苦辣酸甜"，看清了自己，也看清了天地生灵、斗转星移。

老子倡导"致虚极，守静笃"，看清了，参透了，人也就活得超凡脱俗了，以"出世"之胸怀做"入世"之善业，出世做人，入世做事，可谓大德。"孔德之容，惟道是从"，道清才能德明。"同于道者，道亦乐得之；同于德者，德亦乐得之；同于失者，失亦乐得之。"所以孟子曰：得道者多助，失道者寡助。道生万物，德润万物。修身悟道，不仅要懂得"天行健，君子以自强不息"，更加不要忘记"地势坤，君子以厚德载物"。让我们携手前行，御万物以道，安天下以德，为共建一个天清地宁的和谐世界而努力！

《老子注译及评介》，
陈鼓应，中华书局

胡　豪

【作者小传】

胡豪，男，汉族，1990 年生于四川省名山县，学士，现任西南交通大学机械工程学院辅导员。

研究方向为基于神经网络的内燃机试验的模拟。曾发表论文《基于 BP 神经网络的学生评价体系的建立》《混合动力汽车排放特性模拟分析》。

一直非常赞同，书籍是人类进步的阶梯。自认为，好的书籍之中有更完整的生活，有更深刻的人性和智慧。书籍是文化的沉淀，也是作者思想的凝结。读书，能够有超然物外的感觉。研究书，能够收获更多看不见的东西。正如季羡林回答他对于佛教的感觉一样："一个人如果研究一个东西到了一定的地步，那就不会去信奉他了。"愿所有人都能从书中找到自己对生活、对世界的理解。

所以，我喜欢暗夜和孤独

——读《百年孤独》

发黄的羊皮纸，长满苔藓的土墙，腐木做的地板，瘦骨嶙峋

《百年孤独》，（哥）加西亚·马尔克斯著，黄锦炎译，浙江文艺出版社

的人……这是加西亚·马尔克斯描绘的世界。有人说，当你未开始尝试看透生命，请好好地收着它，不要读它。我带着试一试的心情来窥探这个孤独的世界。这个世界是如此真实又虚幻，蹲在角落，眼球突出的妇人吃着墙皮；满街腐尸的味道；留着绿水的脓包；黑色的砂锅煮着蟾蜍，汤里面冒着墨绿色的泡。我试想如果删除掉所有写事的段落，这可能是马尔克斯自己的《恶之花》。在恶中我确确实

实感受到了美的存在，可能就是基督教说的"原罪"吧，这种肆无忌惮的细节描写，更拉近了我与小说世界的距离，我仿佛就站在这个满背水蛭的妇人身后，去品尝那样的一个世界。

"家族的第一个人被捆在树上，最后一个人正在被蚂蚁吃掉"。这到底是一个怎样的世界，到底什么才是孤独？在中国的古典文

学里面，孤是帝王的自称，孤独是有别于寂寞、无聊、空虚的一种情感，孤独者更能清楚地窥探自己的内心，更能享受那种恬静。所以，当我面对这样一个家族时，我没有在意孤独给这个家庭带来的毁灭，也无心这个家庭浮浮沉沉的悲壮，在这个理应算是悲剧的作品面前，我却有一种"世界不过如此，本该这样"的安静，以及为他们找到了自己的活法、找到了自己的归宿而感到欣慰。家族的每一个人，都是一位位经历了万物更迭的智者，站在大江边，看风起云涌，惊涛拍岸，也能以一种舒适的心境来面对万千变化，从容地面对死神的镰刀。

飓风带走了整个马孔多，合上书页，面对冬季里难得的阳光，我依然沉浸在书中，我惊异于书中描绘的故事，我的身边不会有拖着磁铁到处游荡的吉卜赛人，也不会有拿着纸牌预测未来的女人，但是事情的本质和人物的灵魂却和近半个世纪之后的今天如此相似。我惊叹，人的内心和本性依旧如此相似，不因时间的更迭或者地点的变迁而改变。我理解到，社会的发展之快，虽然物质文明日新月异，纵使你是世界上唯一的花，但是你的思维早就在别人的意料之中，其实我们最根本的思想大同小异，一个阶段和一个阶段人性没什么太大差别。野性、仁义、情爱、侠情……这就是为什么孔子在两千多年前撒播的那些思想和文明理念如今依旧可以适用在各个人的身上。我思考，人为什么会孤独。

我们身边不乏这样的人，他们有着惊人的执着，旺盛的求知欲，强大的执行力，坚毅，不轻易言败，他们尝试新鲜又不怕失败，试图用自己天马行空的思想改变周围狭隘的大多数。他们如果成功了，那就是天才，一旦失败，大众便嘲笑他们是疯子。"天才在左，疯子在右"，马太效应让起初很相近但是有两种不同结果的人渐行渐远，"疯子"最终变成了疯子。老何塞拥有现在一些"领导者的18个习惯""高效能人事的50个细节"这类书上面的各种特质，试图引进新鲜的器物来改变落后的生产，决心改变自己的生活。然而，最后他还是疯了。这个过程似曾相识，没错，有一位哲学家和他走着相同的路，这位哲人叫尼采。"银白的，轻捷地，像一条鱼，我的小舟驶向远方。"真正有思想的人，走在哪里都与众不同。也许精神失常对于这样一位富有创造力的第一代人不是什么坏事，他能够在另一片天空里自由飞翔，而不受周围人的冷眼。

我们也不缺乏这样的思想，某些事情自己本身就觉得是不对的，而落到自己的身上却为了所谓的合群违心地做下去。有位老师曾经表达过这样的意思，"我们这样的生活就是社会和你周围的人的合谋"。针对现在的生活，大家试图改变这陈旧的理念，然而每每触碰到了表皮就把手缩回来，和奥雷利亚诺·布恩迪亚上校第一次触摸冰块时候的感觉一样，"它在烧"。不敢走进去，因为那里望不到头。我们强迫自己去参加各种各样的聚会，强迫自己去感受喧嚣，那是这个人害怕孤独，没有理解到孤独的含义。

我觉得人需要孤独，唯有在孤独中才能够安安静静地自省，在孤独川更能获取力量。孤独是一面镜子，反射真我。相比而言，孤独者

《百年孤独》，（哥）加西亚·马尔克斯著，高长荣译，北京十月文艺出版社

能更好地窥探自己的内心，而从中有所裨益。这样的例子不胜枚举，瑜伽讲究"梵我合一"，其奥义就是运用一些姿势的技巧让人心静，让人能够进入孤独，享受孤独。所谓修禅品茶，至高境界便是独处一室，在杯中窥得世事。我喜欢一个人仰望星空，那是因为星空深邃高远，而孤独可以让心静下来，不受繁杂的尘世的侵扰。有位教授说过："我在 10 年之前就不知道享受是什么，只知道在实验室做实验，现在回过头来发现那些年才是我科研水平进步最快的日子。"这便是孤独的力量，不要害怕孤独，因为孤独之中你会跑得更快。

有一位"励志系"的专家说过："很多优秀的年轻人，晚上想想千条路，早上醒来走原路。"可不是，晚上一个人躺在床上，闭上眼，当自己内心沉浸在黑暗和孤独中的时候，你会有更明晰的想象，更深层次的思考，更加确信"我将去到哪里"，白天的喧嚣激起内心的浮躁扰乱了思绪，只有原路继续行走。所以我们需要孤独，需要孤独安静地思考，我们也不要嘲笑周围人的思考，说不定某一个改变人类生活的理念就出自昨天没有参加你的聚会的朋友的大脑。所以，我喜欢暗夜和孤独。

每天，我们的生活纷繁复杂，打开微博微信，各种大 V 推送的消息，各种新闻在充斥着我们的生活，每天处理着各种繁杂、和我们的生活关系不大或者说毫无关系的信息。有时，我感觉我的大脑就是一个垃圾箱，无限制地收纳和处理着各种奇奇怪怪的东西，当这些东西挤满了大脑，哪里还有空间留给思考？我们每天生活更新的频率是不是确实快了点，我们每天向前奔跑，是不是有时该停下来等等灵魂？在商界有这样一个普遍现象，会工作的人一般都是会生活的人，诸葛亮有宁静致远的教诲，道家也有以静制动的说法。常常停下来清空一下"回收站"，独自去思考和规划一些东西会比无休止地奔跑更能取得成长。所以，我喜欢安静和孤独。

这就是一本讲述孤独的书，有的人看起来和周围的人不同，被大家孤立，因而孤独。还有的人他们经历了这个世界的纷繁复杂之后，选择孤独，如中国古代的隐士侠客。竹林间，茅草屋，一箫一琴，独自过个轻松快活的生活，这些选择孤独的人总有那么些相同，没见过哪个隐士在街头为了 3 块钱的酒钱和店家讨价还价。看腻了世界的喧嚣，独处一隅来思考人生的哲学，这就是为什么得道高僧会隐于山林，每年有那么多的大师选择皈依佛门。陶渊明有他的菊花，梭罗有瓦尔登湖，上校有他的金鱼，阿玛兰妲有她的殓衣……他们不打扰任何人。真不忍心打扰他们的孤独，为什么总有些人要求他们还俗归世，过人云亦云的生活？

《百年孤独》，（哥）加西亚·马尔克斯著，范晔译，南海出版公司

所以，勇敢地面对孤独，去寻找自己的孤独吧，不要在意太多，愿你在孤独中找到自己。当然了，也别去打扰那些沉浸在孤独中的人。

聂 莉

【作者小传】

聂莉，女，汉族，1993 年生于重庆忠县，爱好阅读、唱歌，现就读于西南交通大学茅以升学院 2012 级电气工程及自动化专业（本科）。

工科女一枚，奇葩一朵。时而张扬，时而内敛，天马行空，奇思怪想，我喜欢徜徉在文学的海洋里，也喜欢攀登思维的殿堂，还喜欢信步音乐的国度，我就是这般古灵精怪，独一无二。

诗酒趁年华

——读《诗经》

　　一个人，一本书，一杯茶，一帘梦。有时候，寂寞也这般令人心动。闲暇时，我总喜欢捧起一卷书籍，独倚幽窗，任凭凉风拂过散着淡淡墨香而微黄的书页，烟雨氤氲尘封在书卷里的辞章和故事。然后，凭栏远眺，细细品著如水的星光和浩瀚的文学带给我的感动。诗酒要趁年华。

——题记

　　"大家之作，其言情也必沁人心脾，其写景也必豁人耳目，其辞脱口而出，无矫揉装束之态。以其所见者真，所知者深也。"王国维在《人间词话》中如是说。纵观《诗经》，那如莲的清新之气便迎面扑来。每一首都是一支美到极致、真到极致的歌，它们汩过历史的河流，绽放在光阴深处。

　　一、《桃夭》——简单到极致的美

　　桃之夭夭，灼灼其华。之子于归，宜其室家。

　　桃之夭夭，有蕡其实。之子于归，

《诗经选》，余冠英选注，人民文学出版社

宜其家室。

桃之夭夭，其叶蓁蓁。之子于归，宜其家人。

茂密葱绿的桃叶，璨羞红霞的桃花，桃树下的姑娘要出嫁。这首简单朴实的歌，唱出了女子出嫁时对婚姻生活的希望和憧憬，用桃树的枝叶茂盛、果实累累来比喻婚姻生活的幸福美满。没有浓墨重彩、夸张铺垫，有的只是平平淡淡。

它就像我们现在熟悉的、谁都能唱的《童年》《同桌的你》《江南》一类的歌。而其魅力恰恰就在这里。因为它符合天地间一个基本的道理：简单的就是好的。生活本就应如夏花绚烂，又简单到极致。

正如女子化妆，粉黛轻施的淡妆总有无穷的神韵，巧遮微瑕，清新自然。而浓妆艳抹，厚粉浓膏，不仅艳俗，而且拒人于千里之外，让人疑心厚重的脂粉底下有多少真实的货色，或许卸下妆来是半老徐娘，满脸雀斑也不一定。

简单是质朴，是真实，是实在，是亲切，是萦绕心间不能忘却的情思；而刻意修饰却是媚俗，是虚伪，是浮泛，是浅薄，是令人生厌，这就是古人常说的恶俗。

都说世相迷离，我们常常在如三千凡尘中迷失了自己，凡尘缭绕的烟火总是呛得你我不敢自由呼吸。千帆过尽，回首当年，那份纯净的梦想与坚持早已渐行渐远，岁月留下的，只是满目荒凉。其实我们不如回归到简单最初。一席明月，两袖清风，以一颗纯粹之心活在红尘之间。因为在成长的过程中，我们总免不了经历离合悲欢，就像阴晴圆缺，有如潮起潮落。而流光从来不会多情地将人照料，所以我们要学会迁就时光的漠然，活得纯粹，坦荡。

所谓心静则国土静，心动则万象动。真正的自在是知晓得失从缘，懂得随遇而安。唯有活得简单才能活得幸福。

二、《硕人》——千古绝唱颂美人

硕人其颀，衣锦褧衣。齐侯之子，卫侯之妻。东宫之妹，邢侯之姨，谭公维私。

《诗经》，王秀梅注解，中华书局

手如柔荑，肤如凝脂，领如蝤蛴，齿如瓠犀，螓首蛾眉，巧笑倩兮，美目盼兮。

硕人敖敖，说于农郊。四牡有骄，朱幩镳镳。翟茀以朝。大夫夙退，无使君劳。

河水洋洋，北流活活。施罛濊濊，鳣鲔发发。葭菼揭揭，庶姜孽孽，庶士有朅。

这首诗是写庄公夫人庄姜初嫁，盛赞夫人美丽绝伦。

纵览中国千百年诗歌，写女子之美者，无出其右，盖世无双！虽然不同时代有不同的审美标准，比如汉代以纤巧轻盈为美，唐代以丰腴绰约为美，现代的我们以健康活力为美，但是我们敬畏和爱慕美的心情却始终如一。

之于我，美是一种奇迹，是一种财富，也是艺术灵感和想象力的源泉。古往今来的艺术作品，很少是同美丽无关的。即使是像波德莱尔的《恶之花》那样竭力渲染丑恶，也依然是美丽开出的花朵。"无名的日子的感触，攀缘在我的心上，正像那绿色的苔藓，攀缘在老树的周身"，"远远去了的夏之音乐，翱翔于秋间，寻求它的旧垒"，"沉默蕴蓄着语声，正如鸟巢拥围着睡鸟"，"夜之黑暗是一只口袋，迸出黎明的金光"……而翻阅泰戈尔的《园丁集》，这些诗句就像舞动的精灵，带来隽永清秀之美。

我又莫名地想起了那个被季节封存在四月天的林徽因，窗外的柳絮做她的萍客，梁间的燕子做她的邻伴，梦中的白莲做她的知己，这是何等的轻灵和鲜妍。林徽因是个美丽如蝶的女子，徐志摩为她徜徉在康桥，深情地等待一场旧梦可以归来。梁思成与她携手走过千山万水，为完成使命而相约白头。金岳霖为她终身不娶，痴心不改地守候一世。而她的才情也惊艳世人：

我说你是人间的四月天；

笑响点亮了四面风；轻灵

在春的光艳中交舞着变。

你是四月早天里的云烟，

黄昏吹着风的软，星子在

无意中闪，细雨点洒在花前。

那轻，那娉婷，你是，鲜妍

百花的冠冕你戴着，你是

天真，庄严，你是夜夜的月圆。

雪化后那片鹅黄，你象；新鲜

初放芽的绿，你是；柔嫩喜悦

水光浮动着你梦期待中白莲。

你是一树一树的花开，是燕

在梁间呢喃，

——你是爱，是暖，

是希望，你是人间的四月天！

她写下的这篇《你是人间的四月天》，用她轻灵柔美的文字，逼迫我们不敢老去。她就像一位多情少女，在芳菲的四月咏唱人间最美的诗篇。纵然那些迟暮之龄的人读了这首诗也觉青春重现，相信那些丢失在过往风中的爱情可再次寻回，在枯树上会看到春满华枝，在无边的黑夜总能寻觅到星海月舟。

总之，她的一生就是一段清丽的小诗。

朋友啊，若你到了有着荷风斜雨、黛瓦白墙、青石小巷、乌篷梭舟的江南，莫急着去寻那打着油纸伞，像丁香一样结着幽怨的姑娘。请为我折一枝绿柳吧，插在老旧的白瓷瓶里，托燕儿捎回。因为我相信，这小小的瓷瓶便可装载整个春天，那个素净的女子许诺了我们一段永远青翠的回忆。

三、《绿衣》——永恒的招魂曲

绿兮衣兮，绿衣黄里。心之忧矣，曷维其已？

绿兮衣兮，绿衣黄裳。心之忧矣，曷维其亡？

绿兮丝兮，女所治兮。我思古人，俾无訧兮。

絺兮绤兮，凄其以风。我思古人，实获我心。

"绿外衣啊绿外衣，绿外衣里是黄衣。心忧伤啊心忧伤，忧伤何时才停止？绿外衣啊绿外衣，绿衣下面是黄裳。心忧伤啊心忧伤，忧伤何时才淡忘？绿色丝啊绿色丝，丝丝缕缕是你织。我心思念已亡人，使我不要有过失！细葛布啊粗葛布，寒风吹拂凉凄凄。我心思念

《诗经注析》，程俊英、蒋见元，中华书局

已亡人，你仍牢牢系我心。"

这是何等凄美的场景。"忧思在我的心里平静下去，正如暮色降临在寂静的山林中。"（泰戈尔《园丁集》）斯人已去，此情却在。睹物思人，黯然神伤。两情殷殷，永驻心间。时间和空间都难以永恒，唯有经过时空淘汰而积淀在心灵深处的情思，可以留下岁月的踪迹。

然而，悼亡在今天，却成了过时的古典情怀。变幻太快的信息，匆匆的生活节奏，令人眼花缭乱的花花世界，早已把我们的心灵打磨得粗糙，迟钝，轻浮，疲惫，麻木。太多的诱惑，太多的欲望，连神都快要忍耐不住了，更何况我们肉体凡胎的俗人！我们一边自欺欺人，一边裹挟着物欲、情欲，在物质的漩涡中作自由落体式的堕落。

当灵魂在欲望中无限膨胀之时，剩下的便是个空壳，再也没有任何内涵，也再容不下任何关于真善美的内容，于是我们便开始拒绝思考，如行尸走肉般生存。

"魂兮归来。"这是纯真的心灵的呼唤。斯人虽已去，但天堂之中是会回应这旷古的呼唤的。天堂虽然遥不可及，但我们的心灵却是指向它的。有了这种指向，生命之舟才有了泊锚之所，不再随波逐流，四处游荡。

悼亡在心灵中筑起一座神圣的殿堂，把生命中最真诚、最可贵、最理想的一切供奉起来。对这一切的祭奠，也就为心灵本身建造了一座丰碑，一个路标。

当人被变成一个没有生命、没有灵魂、没有自我、冷冰冰的螺丝钉的时候，当人被变成孔方兄和物欲的奴隶时，怎还会有招魂曲，剩下的只是单调刺耳的机器的轰鸣，以及红男绿女的嘻哈打闹声。

我们常说，人到世上是来讨债还债的，讨完了，还清了，就会离开。生命会如此长短不一，会有生离死别，这些都是命定的悲感，我们无可逆转，也不可挽回。而且人间许多事情其实只是时光撒下的谎言，只是我们愿意为一个谎言执迷不悟，甚至追忆一生。如果相遇真的是一场美丽的错误，那就无需乞求谁的原谅。在风尘起落的日子里，让我们愿生者安静，死者安息。

人只有将寂寞坐断，才可以重拾喧闹；把悲伤过尽，才可以重见欢颜；把苦涩尝遍，就会自然回甘。信了这些，就可以更坦然地面对人生沟壑，走过四季风霜。言者随意，但生命毕竟是一个漫长的过程，每一寸时光都要自己亲历，每一杯雨露都要自己亲尝。所以，亲爱的朋友们，请为自己觅一席清净之地，就像梭罗寻一瓦尔登湖，然后把深邃的灵魂浸在澄澈的湖水中，获得祥和幸福。

所谓诗酒趁年华，就是让我们趁着青春年少时秉着骄傲和血性去窥探，挑战，在这世界历练，受伤，再重新出发。因为像我们这样的孩子或许只拥着平凡的出生和平凡的成长环境，但是在一路上梦想、信念、抗争、忧伤会击出不停息的鼓点，为青春赞扬，即使我们终将幻灭成灰烬飞扬之后又落下，那也不失曾经华丽和悲壮过。

我写到这里的时候忽然发现窗外有着明媚的冬阳，灿若霓裳。想起那些在记忆深处飘荡的光斑，洒遍暗处的空白。如同不听话的孩子一般，掀起还未开场的戏剧的帷幕，虔诚又调皮地窥视人生的悲喜。阅读着这些时空滤下的经典，听它们伟人灵魂的礼赞，幸福像紫罗兰静静绽放。

阳恩慧

【作者小传】

阳恩慧，男，汉族，1982年生于湖南，博士，讲师，教学科研岗8级。

主要研究方向包括道路与铁道铺装工程新材料与结构、路面智能检测系统以及交通工程等领域。已发表及参与发表专业学术论文10余篇，其中SCI论文1篇，EI论文5篇，参加国际学术会议并做会场专题报告3场，美国交通年会会员。已获专利5项，获中国铁路总公司科技进步奖1项、中国铁道学会科技进步奖1项。

人类获得知识的途径无非阅读、听知及感知等，然古之大师已远去，未能有机会听其亲授言传，而其传与后世的经典之作皆为其精神与技艺的精髓，能使读者获得真知和良术，从而启发个人，从技艺与精神上给予读者极大的帮助和教导。对于读者而言，应尽可能阅读经典之作，且要读原著，尤其对于外文书籍。

人的一生都走在超越自我、超越先人的路上，在快节奏的现代社会，个人的付出和精神压力越来越大，需要我们时刻不忘从技艺和思想上提升自我，寻找自己心灵深处的平静和平衡。一本经典之作也许是失落时的心灵鸡汤，也许会是迷惑时的照明灯塔，照亮我们人生更广阔的生命之路。

读经典书籍

——读《人格心理学》

作为一名教师，在当前社会思潮尤为活跃的年代里，如何更好地把握学生的心理状态，合理地引导学生的行为，是摆在学生工作者面前一个极为关键的问题。故在此燃眉之急之刻，开展有关心理学的研究，对于更好地做好学生工作以及提升自身综合素质能力等方面，都具有十分重要的意义。关于人类内心状态和外在行为的研究是门极为复杂的学问，是作为人自身所要认识、理解和研究的重要科学性问题，亦是所要获知的最为基础的通识知识。人类行为及其内部存在心理状态十分复杂而且隐蔽，另在

《人格心理学》，（美）J. M.
柏格著，陈会昌等译，中
国轻工业出版社

人生舞台上，人也会根据社会角色变换人格的外在表现，真实的自我可能和外在行为表现截然不同。现有的理论和实践并不能完全准确地对其进行诠释，诸多的研究理论并不存在正确与否，诸

家学说皆能更好地帮助人类理解自身的行为和心理状态。

　　著名心理学家柏格的经典著作《人格心理学》从精神分析、特质流派、生物学流派、人本主义流派、行为主义和社会学习流派以及认知流派等六大经典理论出发，对人格心理学进行了非常全面的介绍，书中配以大量的客观、生动的实例分析，从而达到深入浅出和通俗易懂的效果，作为一名非专业人士，亦能从中获益，此书正是心理学爱好者不可多得的一本好书。

　　书中诠释的理论和部分实例亦能给学生思想工作者以极为深刻的启发，如其中经典的语句解释："当前我们社会中，养育孩子是我们面临的最重要的事情之一，然而绝大多数的父母对于这方面都缺乏培训，对于什么人能养育孩子、如何养育孩子并没有规定，其带来的结果是大多的孩子缺乏个人的价值感，对父母感到害怕，不知道怎么与他们相处，担心父母不理解而受到父母不公正的惩罚，他们感觉到不安全和不适应，他们渴望温暖、需要支持却得不到，因而感到迷惘、害怕和焦虑。"这一段话不正是很好地诠释了当前大学生所表现出来的心理和行为状态的原因吗？而复旦大学投毒案的发生是否也从一个侧面反映了当前些许大学生存在的心理问题。不得不承认此书作为一本研究人类心理学的经典书籍，让人为之着迷，书中诸多的理论及经典语句都能引起读者的共鸣。熟读此书有助于一名学生工作者更好地了解自己、提升自身，亦能帮助其更好地了解和把握学生心理思想动态，做好学生思想工作。

　　书中提到当前孩子成长过程中多数人是在有条件的积极关注环境中长大的。小时候父母的爱和支持都不是无条件给予的。通常情况下大多数父母都只是在孩子们满足了自己期望时，才会给予他们爱。而当父母不满意时，他们就会收回他们的爱，因而孩子在长大过程中逐渐懂得了，只有做了父母或长辈想让他们做的事情，才能得到爱。孩子们需要的积极关注是以他们自己的行为为条件的。这种有条件的积极关注的结果就是，孩子们学会了抛弃他们自己的真实感情和愿望，而只是接受父母赞许的那一部分自我。他们拒绝自己的弱点和错误。最终，孩子变得越来越不了解自己，而且在将来也越来越不可能成为一个心理和谐的人。精神分析理论中认为，父母给予孩子过多的关注和过多的保护，会剥夺孩子的独立性，引起更强烈的自卑感，导致成年后的人格问题；然而相反地如果父母过度地对孩子忽视和放任，在成长中很少受到父母关注的儿童，长大后会多半会变成冷酷和怀疑他人的人。教育孩子过程中应该做到一直爱孩子，接受孩子，在这种条件下，孩子就会觉得不需要去隐藏那部分可能会引起爱的撤销的自我，他们就可以自由地体验全部的自我，自由地把错误和弱点都纳入到自己的自我概念中，自由地体验全部生活。

在自我提升方面，通读此书，给予了我诸多的启发，有助于更好地了解自我，发现自我，书中大量的人格测试也让读者真正去了解自己的人格特性，去引导读者寻找"我是谁"的答案。如书中自我心理学非常有趣的人格同一性测试，能真正了解自我人格中那一相对独立、强大的部分，了解人关于自我的个体性、唯一性以及完整性。而书中诸如尽责性、反应倾向、成就目标、情绪表达性、气质、自我实现、孤独、果断性等等一系列丰富而有趣的人格测试，极大提升了读者的兴趣，增加了读者的共鸣，也非常有助于读者了解自身人格的各个方面，达到真正了解和读懂自己的人格。书中提到的要成为一个心理健康的人，关键是使自己更透明，我们要愿意并且能够向生活中的重要他人充分地表露自己。然而对于大多数人来说这是很难做到的。我们通常会尽力避免别人发现我们身上许多不被人喜欢的"坏习惯"。我们害怕会使自己陷入难堪的境地或者失去自己喜欢或崇拜的人的尊重。但是，所有这些欺瞒的结果是使我们更加担心，永远害怕别人发现真正的自己。人只有通过自我表露才能逐渐地真正认识自己。

当前，我们处在一个"焦虑时代"，寒假回到家乡，昔日那个绿树成荫，鸟语花香的田园农村，已经面目全非，取而代之的是垃圾横飞、环境疮痍、高楼林立的现代农村，想想小时候的日子，我们经常可以在田园漫步，炎炎夏日的晚上在池塘边乘凉，这些日子都已经被日益增大的工作难度、越来越快的工作节奏和比别人干得更好的压力取代了。书中诠释的理论和方法中也给予了读者如何应对焦虑的对策，可以有助于我们减轻焦虑，如压抑策略、问题中心策略、情绪中心策略和回避应对策略等。

同时从作为一名工科专业科学研究工作者的角度，通读该书亦给予我较大的启发，人格心理学的研究方法与工科专业研究存在惊人的类似，正与书中提到的在哲学和艺术上具有创造性思维的人会如虎添翼，但是在科学上必须做全面的、艰苦的实验。关于人格心理学研究采用的诸如研究数据统计学分析方法、假设——检验方法以及个体研究法等，与我们日常开展的工科专题研究方法存在极其相似之处，可谓大道至简，万物相通。这点体会可能正是工科院校大力开展通识教育的美妙和精髓之所在。

在短短的一个月内对于该书的研究还停留在肤浅的理解，以上仅结合自身对于心理学获知的知识，以及对该书研读过程中产生共鸣之处加以自身的理解，做一个简要的论述，可为冰山一角，以供互学互勉、携手共进。

许斯婕

【作者小传】

许斯婕，女，汉族，1980 年生于四川荣县，硕士，七级职员，现任职于西南交通大学研究生院招生办公室。

主要研究方向为高等教育。以第一作者发表论文《高校贫生社会捐助研究》《高校"形式与政策"课实效性的系统探索》《关于提高国家助学贷款还贷率的几点思考》《完善博士招生制度，提高博士生生源质量》等。2004—2014 年，获西南交通大学学生工作先进个人、西南交通大学校庆 110 周年"征诗征联"活动诗词优秀奖、西南交通大学研究生院先进个人等多项奖励。

以诗余话朝露

——读《人间词话》

　　每每提到词，心里想到的便是王国维的《人间词话》，《人间
词话》好似词的番外篇，恰如其分的
点评注解，扩展延伸，让词的韵味源
远流长了好几个时代，直到当今，仿
佛依旧能触到那个鼎盛时代的脉络。
诗余诗余，借由王国维的手，随随便
便"余"了万代。第一次读《人间词
话》，是为借助王国维的眼，更近距离
贴近词的韵味，第二次读《人间词话》，
是为借助王国维的手，去摸索词的构
造。今年寒假，有机会第三次阅读。
这第三次，仅仅有了清茶的陪伴。正

《人间词话》，王国维
著，徐调孚校注，开
明书店

是因为这样散漫，才让我忘记了这本书本来的用处，忘记了王国
维点评的词的内容，反而将视线都集中在评句的本身。读着读着，
便有了一丝惊讶，这些评句，不仅能判词，竟好似指向了人生。
于此，我便怯怯的借助王国维的评句，以词浅话人生。

"譬如朝露，去日苦多。"——《短歌行》（曹操）

"对酒当歌，人生几何。譬如朝露，去日苦多。"这是曹操的一首诗，既然词又名诗余，用一句诗总起本文，便也不足为怪。"朝露"是我认为对人生最好的比喻，清苦、通透、短暂、璀璨。短暂是对人生最主要的注解。白居易也说过"人生讵几何，在世犹如寄"，人生短暂，在世却需在浮沉中挣扎不由自主，这本是一件苦胜黄连的事情，连一代枭雄都需用杜康解忧。从古至今，多少名家、宗教追寻的目标，不就是脱离人生的苦，人生本来的苦，人生在世的苦。说是脱离，其实便是看得通透，看透了人生，便也就释然了。这便引出了宗教经典、名家古籍中常常提到的一个词——境界。如佛家，佛家境界甚多，说到底，也只有一句："凡所有相，皆是虚妄，若见诸相非相，即见如来。"这是境界，以佛家话说，如如不动，不取于相，便是佛的境界。在尘世中的凡人没有佛的高深，但也能自有一番境界。如嵇康、阮籍之辈，便也早看透了如朝露一般的人生。有趣的是，境界这一词常用于人生中的追寻，而在《人间词话》中，境界一词，也是王国维在评词中常常提到的。王国维对词的追求在于意境，意境有了，便是境界，"有境界则自成高格，自有名句。"

"众里寻他千百度，蓦然回首，那人却在灯火阑珊处。"——《青玉案·元夕》（辛弃疾）

王国维对李后主的词评价颇高，具体来说，王国维赞的是李后主的眼界。从花前月下的南唐后主，到屈辱苟且的亡国之君，李煜词的变化之大，都可赖于眼界的巨变。"眼界始大，感慨遂深，遂变伶工之词而为士大夫之词"。词如此，人生亦如此。眼界可以说是人生境界的奠基石，有怎样的眼界，就可达怎样的境界。就像李后主的词，眼界大了，词的基调也厚重许多。而眼界的开阔，首先，不外乎学识的增长。对于做学问，王国维总结的三种境界至今都是经典。"昨夜西风凋碧树，独上高楼，望尽天涯路"至"衣带渐宽终不悔，为伊消得人憔悴"而至"众里寻他千百度，蓦然回首，那人却在灯火阑珊处"。这三种境界，简单来说，可总结为冥思、苦寻、顿悟。学识达顿悟的境界，眼界自然也比一般人开阔许多，许多当初迷惑之事，都可迎刃而解。迷惑

《蕙风词话　人间词话》，徐调孚、周振甫注，王幼安校订，人民文学出版社

少了，看通透的东西也多了。自古豁达于世的人，有哪一个不是学识丰厚之辈。竹林七贤，皆是大学问者，魏晋风度，便自成一派，遗世而独立。"大家所作，其言情也必沁人心脾，其写景也必豁人耳目，其辞脱口而出无意矫揉装束之态，以其所见者真，所知者深也。"人生中的智者亦如词中大家，所见者真，所以能不迷途，所知者深，所以能透虚妄。站高望远，不外乎如此。

"少年不识愁滋味，爱上层楼。爱上层楼，为赋新词强说愁。"
——《丑奴儿·书博山道中壁》（辛弃疾）

正巧又是辛弃疾的词。辛弃疾的词有一般词人的温婉柔美，却又拥有一般词人所没有的豪迈侠气，其原因，正是辛弃疾抗金将领的身份，所带给他的更为开阔的眼界，奠定了他在词的世界里有异于他人的境界。所以对于眼界来说，学识是根本，而见识，便是为虎添翼的辅助。叔本华说："抒情诗，少年之作。叙事诗及

诗曲，壮年之作也。"并不是说抒情诗就比叙事诗、诗曲低端幼稚，而是少年时的见识，少年时的眼界，并不能作出叙事诗，叙事诗需要的是见多识广的深刻。而到壮年，见识开阔，抒情在壮年人的人生里已是很小的一个部分，他们需要叙事诗这样包罗万象的作品，来承载他们人生所积累的感悟。"而今识尽愁滋味，欲说还休。欲说还休，却道天凉好个秋。"人生到一定境界，言情的词因过于直白而显得简单，借用他物来言情，或许反而能道出几分真意。这便成就了词中的意境，有意境自成高格，词便高了境界。词如此，人生亦如此，见识广了，岁月厚了，境界自然便高了。王国维说，阅世愈深，则材料愈丰富，阅世愈浅，则性情愈真，这是抒情诗和叙事诗的区别，也是青葱少年与耄耋老人的区别。少年真性情，处世天真烂漫，老人阅尽千帆，处世豁然无惧。都是一派不拘一格的样子，却是两种不同的境界。

"寒波澹澹起，白鸟悠悠下"——《颖亭留别》（元好问）

王国维对词的境界可谓是花了大笔墨去描述，而其中最玄妙

《人间词话》，王国维著，黄霖等导读，上海古籍出版社

的，便是有我之境和无我之境之别。"泪眼问花花不语，乱红飞过秋千去"，有我之境也。"寒波澹澹起，白鸟悠悠下"，无我之境也。对于人生来说，何尝没有"有我"和"无我"的区别。有我之境的人生宏伟，无我之境人生淡泊。"有我之境，物皆着我之色彩，无我之境，不知何者为我，何者为物"。做个不恰当比喻，儒家似有我，道家便似无我。这两种境界都是词中最高

的意境，也是人生中可望难求的境界。有我无我，首先，都得先找到"我"，而找到"我"，都需学识和见识的铺垫。王国维的眼里，诗人视一切外物，都是游戏的材料。"轻外物，故能以奴仆命风月，重外物，故能与花鸟同忧乐。"在无我之境的人眼中，外物可轻亦可重，轻重都不过自己，因为，自己也算是外物。于此，无我之境

《人间词话》，王国维著，徐调孚校注，中华书局

的词总是盘旋着宁静的禅意，而无我之境的人生，总是有着大彻大悟的淡泊。"采菊东篱下，悠然见南山"，达如陶渊明这样的无我淡泊之境。

王国维评词着眼意境，没了意境的词，再工整绮丽，都是二流。有了意境，自成佳句，因为意境所带来的，便是境界。推及人生，意境就像人心，人心有了学识，装了岁月，人生才有了境界。人生追求也就这境界二字，不管是绚烂，或是淡泊，达了境界，人生或许能轻了许多。词如人生，人生如词，词有了境界，就如我手边的清茶，入眼的皆是通透的绿。

卢 云

【作者小传】

卢云，男，汉族，1975 年生于江西，工科学士，工程师，现任西南（唐山）交通大学广州校友会常务理事。

主要关注创新发展和校友工作研究。创新地推动了尊老敬老工作，并推动成立了西南交通大学尊老敬老协会。以持续给力中年校友和持续扶携青年校友为出发点，策划创办了各高校广州校友足球联赛，各所交通大学广东校友足球友谊赛，后续延伸至各类文体交流，并将经验分享给更多地区。同时一直以志愿者意识和行动参与校友会工作，推动了各爱好、各行业、各地区校友的互动和交流，通过大力发动成都地区校友，并以此为基点推动了四川青年校友会的发展，为青年校友总会的筹建打下基础，并适时依靠尊老敬老协会骨干推动成立了西南交通大学校友志愿者协会。曾获交通大学校友总会优秀校友工作者称号。

爱好运动、旅行、阅读、收藏、摄影，喜欢做正能量和公益项目的志愿者。拥一份开放平和的心态，保持向各方面学习的常态；持一份替人着想的善良，将心比心，反求诸己，相互助益，不与人争名利，不与谁较高下；坚定地做自己，不卑不亢，不计得失，坚持生命与生命的相互平等和彼此尊重，坚持做人是立事求专的基础，倡导健康快乐生活中谈发展，舒畅愉悦心情里促共赢。

扬我交大 勇于创新

——读《大数据时代》

　　拿到《大数据时代》这本书，一看封面，除了醒目的五个字，特别注意到书名下面有个小标题——"生活、工作与思维的大变革"，让我眼前一亮，迫不及待地翻开阅读……

《大数据时代》，（英）维克托·迈尔·舍恩伯格、肯尼思·库克耶著，周涛译，浙江人民出版社

　　"身处大数据时代，我们必须拓宽对公正的理解，必须把对个人动因的保护纳入进来，就像目前我们为程序公正所做的努力一样"——这段话引起我强烈的共鸣，因为自身一直从事校友会志愿者工作，体会到对公正的理解和个人动因的保护对校友会发展非常重要，校友会工作很多是热心校友和志愿者支持起来，如何让热心者更热心，让观望者更积极？我认为一个可持续的好的公正制度设计和落地是关键，让出力者获得持续的正面精神和物质文明激励，无论是荣誉、机会、奖励、发展都能匹配好贡献，用良好制度而非

权威来说话，来拓宽对公正的理解和个人动因的保护。其实延伸开来对任何平台乃至整个社会而言都是如此，比如创新开拓、科学研究、社会发展、学校教学、经济合作、生活幸福、医疗健康、文化体育等方方面面，我们评价一个平台也就有了更多的客观，主要看这个平台里的人在其工作期间有推动哪些让平台里出力做事的人得到持续正面鼓励的好制度产生和落地，只有这样的公平才会让幸福感不断增强。对于母校和校友会发展来说亦是如此，勇于创新，组织可持续的好的公正制度设计和落地是扬我交大和令交大人幸福自豪感增强的根本。

"Farecast 利用销售数据来预测未来价格；谷歌重复使用搜索关键词来监测流感的传播"，这一切都是在运用创新的力量在挖掘大数据的真实价值，就像漂浮在海洋中的冰山，第一眼只能看到冰山一角，而绝大部分则隐藏在表面之下。结合我们交大，在有了好的制度的基础上，学校树立全员校友意识，调动广大校内（在校师生）校友和校外（毕业离校）校友共同参与平台建设，把整合校内外校友大数据作为抓手，将推动校内外校友创新作为路径，抓手实施可以考虑借鉴微信等各类互联工具形成校内外校友良性互动的安全大数据平台，路径实施可以考虑筹集各类资源（人才和资金）面向校内外校友推动建立交大创新共同体，可灵活开展不同形式的产学研合作，作为一种导向可设立校内外校友均可参与的创新类赛事，如可在整合现有的一些推动创新的活动基础上，考虑推出西南交通大学创新大赛（可邀请赞助支持），甚至针对创新专门设置校长奖励计划，起到主旨鲜明统合综效的作用，涵盖人才、科研、教学、校友、宣传、校史、招生、就业、设计、创意、发明、投资、实验、策划、教材、创业、管理、社团、后勤等学校工作方方面面，持续不断的创新，持之以恒的坚持，使围绕创新的正能量互联互帮互助成为交大人乃至向亲朋好友不断延伸的一种良好习惯和生活方式。当伴随着良性激励的创新成为一种内化，则不仅扬我交大，更能提升自身价值和对社会的贡献。

"大数据并不是一个充斥着运算法则和机器的冰冷世界，可以帮助采取补救措施，甚或能检测到微小的癌变，赶在疾病爆发前根治；这也提醒我们在使用这个工具的时候，应当怀有谦恭之心，铭记人性之本"，所以在有了良好制度和平台创新基础上，更不可或缺的是人性之本。对全体交大人来说人本机制的构建是关键，而更重要的是转变观念，致力于服务型高校和校友会平台建设，打造出相互间平等且尊重、团队及个体贡献持续获得正面鼓励的给力服务型平台。在此总结出一个面向校内外校友都可适用的以人为本的"三二一机制"，即"三持续"（持续关心老年校友、持续"给力"中年校友、持续扶携青年校友）；"二不分"（不分职务高低、不分财富多少，校友间一律平等，相互尊重）；"一关爱"（关爱校友自身及校友上一代的身心健康和下一代的健康成长）；关于"三持续"应提倡青年校友被扶携的同时主动成为关心老年校友的志愿者和支持中年校友的生力军，"给力"中年校友要有造血意识和行动，建立良性互动和制度激励，这样反哺平台能力不断增强，关心老年校友和扶携青年校友才能做得更好。关于"二不分"一定要一以贯之，相互间平等和尊重是平台的基石，在平台需要的是热心、比的是贡献，树立各层领导的角色是服务的分工意识，以服务者的心态来参与，一心一意推动校友凝聚和发展。在这方面，近期接触到的南京市鼓楼区政府，其打造服务型平台的诚意令人感动，该行为本身就是在创新，在服务意识和行动上的创新，这样的服务创新就是在良性互动和造血，也定会收获更多的反哺，其间这种观念的转换满满的都是正能量。关于"一关爱"就是结合人本机制在校友间积极弘扬平等、尊重、分享、互助文化精神，通过校友间的联系和活动扩展传递浓浓暖意的"大数据"，把关爱代际相传且传递给身边更多的亲人和朋友，团结广泛的力量，倡导校友间充满正能量地互帮互助，开放共享，资源互补，包容感恩，在合法合规的前提下，让校友和平台良性互动，凝聚校友间给力互助的氛围，提升平台综合服务校友的能力，提升平台的整体解决问题能力。同时，让广大校友明白到校友工作做好的意义不仅对学校、校友会、校友本人有益，还可实现承上启下、代际相传的互助，通过各种载体可以把关爱上传至校友的长辈，还可以下传至校友的子女，也可以平行传递给身边的朋友，实现校友情谊代代传、资源共享同发展的良性循环，最重要的是让校友们可以在相互温暖、相互关爱的环境中健康生活、事业发展。这个机制如能持续推动和坚持则交大人和更多人会持续受益。开放的心态令人本机制焕发活力，在这样的心态下恰可营造出幸福感倍增且拉通代际和友情关系的大数据思维。

大数据时代背景下，在之前"制度+创新+人本"基础上，融合就变得尤为重要，这是必须要走的路。我们可以很清晰地来把握大数据的趋势，知识的高速迭代已经驱使书本内容的更新刻不容缓，如果无法跟上这样的潮流，会造成与社会的严重脱节。假如社会中各种互联的实践已经如火如荼，而在象牙塔内却很难寻觅到这种激情的碰撞时，甚至连这块的知识都没有准备好时，造成的代价则是在潮流中迷失自己。针对此，最好的解决之道就是校内、校外各种形式的融合，实战是无法用模拟的方式来替代的，否则比赛胜利就永远只是一种美好的愿望。大数据在实用层面的影响越来越广泛，解决了大量的日常问题。大数据更在重塑我们的生活、工作和思维方式。大数据已经撼动了世界的方方面面，将开启一次重大的时代转型，大数据发展的核心动力来源于人类测量、记录和分析世界的渴望，更大的数据源于人本身。站在不同的视角看问题，心态开放的方式是不同的，建议用国际化思维在推动交大人内部团结的基础上求世界的大同，在科研方面以产学研合作升华，团结协作，通过推动协同创新、产学研结合、各类互动交流，逐步以合作文化和资源支持为导向推动校友连接并加强合作，甚至共同组成学科国家队，共同去冲击世界高点，这种合作基于相互平等和尊重来做团结，求大同存小异，倡多赢弃零和，提升正能量互帮互助，共同发展意识和行动，学习对方及国外同行好的做法，共同进步，形成相互欣赏、乐见其成的氛围，只有这样平台才会发展和进步，才会受到支持和尊重。相信每位校友前行的一小步，汇聚起来就是交大发展的一大步。只要我们以开放的心态，互联的思维，创新的勇气，人本的滋润拥抱"大数据时代"，相互融合，就一定会抓住历史赋予交大和交大人的机会，为社会作出我们更大的贡献。

汪　铮

【作者小传】

汪铮，男，汉族，1973 年生于四川峨眉，文学硕士，副教授，现任西南交通大学峨眉校区党委副书记。

主要研究方向为马克思主义基础原理、文化研究、社会建设等。曾获西南交通大学优秀教学成果一等奖，2014年度国家老龄政策理论研究部级课题一等奖。

重读《共产党宣言》

近来，利用访学的间隙，仔细把《共产党宣言》又读了一遍。记忆中数不清这是第几次翻看它了，每一次邂逅，心境不同，意趣自然相异。

重读的过程中，我在想：事过境迁，马、恩的这部政治檄文，其力量在当下体现在哪里？

许多人读《共产党宣言》，是从修辞和审美的角度来欣赏它的。就像左翼

《共产党宣言》，（德）卡尔·马克思、弗里德里希·恩格斯著，中共中央马克思恩格斯列宁斯大林著作编译局译，人民出版社

学者霍布斯鲍姆所判断的："宣言真正使人感兴趣的不是它们呼吁实现的目标。大部分呼吁都浅白直露，甚至是陈词滥调。这一类的宣言汗牛充栋，许多很快即成为明日黄花。……我们今天读《共产党宣言》的理由和我 15 岁时读它的理由一样，是因为它精彩迷人的文体和激情洋溢的措辞，主要是开头几页关于

世界变化的意气风发的分析性展望。"这种对于审美的偏爱，使这种文体日益流俗。一次会议、一个论坛，都会炮制出宣言若干，言辞精致，掷地有声。而内容，尤其是行动部分，往往是同义反复，诉求含混。一言以蔽之："想发表宣言的人首先想到的是诉诸媒体宣传，而不是传统的集体行动，这反映了我们这个社会的涣散和混乱。"

马、恩自己是怎么看的呢？马克思说："哲学家总是用不同的方式解释世界，但问题在于改变世界。"

于是，他们从一个哲学的神王境界俯身沉入一个现世人间。这是一个什么样和将会变成什么样的世界？19世纪中叶的欧洲，到底是莺歌燕舞、百舸争流的盛世联欢，还是一个苦大仇深、山雨欲来的罹难人间？资本主导的人类现代社会的未来在哪里？马、恩以极其冷静的笔触清晰地将其描绘出来："一切社会关系不停的动荡，永远的不安定和变动，这就是资产阶级时代不同于过去一切时代的地方。一切固定的古老的关系以及与之相适应的素被尊崇的观念和见解都被消除了，一切新形成的关系等不到固定下来就陈旧了。一切固定的东西都烟消云散了，一切神圣的东西都被亵渎了。人们终于不得不用冷静的眼光来看他们的生活地位，他们的相互关系。"

是的，"一切固定的东西都烟消云散了"。"这一形象的描述极具启示意味，其中包含着高度压缩的戏剧性破坏力量，像新一轮的宇宙大爆炸：摧毁的同时也是极大的能量外溢和生态催化。这似乎是现代性的经典描述。学者马歇尔·伯曼干脆以此为题，写了一部专著来诠释人类社会的现代性及其想象："它们正是我们准备在兰波或尼采、里尔克或叶芝身上找到的那种东西——'事物破碎了，中心不复存在'。"

　　过去，我们喜欢把写《共产党宣言》的马、恩当作预言家。预言家的另一个名字，则是先知。人类的历史上，崇神的时代，有神的先知；而科学的时代，则被称为科学的预言。我个人不喜欢这个称呼，因为在同样的历史及传说中，先知自身的命运并非他（她）本人所乐于见到的。从荷马、维吉尔笔下的卡桑德拉，到《旧约·先知书》当中记载的以赛亚、耶利米、阿摩司、何西阿等，身世飘零，下场悲惨。卡桑德拉是特洛伊的公主和预言家，她先是遭受性暴，形同流放，虽然成功预言过特洛伊的陷落，但却并不为人所信，先知者最大的悲哀莫过于此吧。最后城陷，她被俘身死。在行迹可考的先知中，不少人下场悲惨。《旧约·希伯来书》记载，先知们"被石头打死，被锯锯死，受试探，被刀杀，披着绵羊山羊的皮各处奔跑，受穷乏、患难、苦害，在旷野、山岭、山洞、地穴，飘流无定，本是世界不配有的人"。然而，先知作为神的代言人，传达神的意志，他们用斥骂权贵等任何势力的方式批判王公贵胄与大众的道德堕落，他们以极其纯粹的信仰和不畏权势、不惧愚氓的勇气发出这样的呼号："惟愿公平如大水滚滚，使公义如江河滔滔。"

《共产党宣言》,（德）卡尔·马克思、弗里德里希·恩格斯著，中共中央马克思恩格斯列宁斯大林著作编译局译，人民出版社

　　学界认为，追求真理的希伯来先知传统，在与希腊贤哲传统结合之

后，产生了西方近代知识分子传统，在进一步促成近代以来的科学、宗教宽容以及自由民主的政体等大量社会历史成就方面有其特殊的贡献，即使在遭受世俗化的大潮冲击之后，这一传统依然有其深厚的根基。真善美爱之路上，先知与贤哲虽然不会群集同行，但他们踽踽独行的背影依然高大。

《共产党宣言》，（德）卡尔·马克思、弗里德里希·恩格斯著，中共中央编译局译，中央编译出版社

马克思是犹太人，但他从其父亲开始，没有认同犹太人的身份，但这是感同身受的谢绝。他的难能可贵之处在于，他看清了过去世界的难以为继，也看清了前路的艰险迷惘，却不曾放弃对命运的抗争和对人世公义的呵护，以振聋发聩的声音表达了对现世人间最温暖的善意和期许。

《共产党宣言》最后，那句如佛门狮子吼般的呐喊："全世界无产者，联合起来！"又何尝没有体现对人世最深层的悲悯和怜惜？爱因斯坦说得好："像摩西、斯宾诺莎和卡尔·马克思这样一些人物，尽管他们并不一样，但他们都为社会正义的理想而生活，而自我牺牲；而引导他们走上这条荆棘丛生的道路的，正是他们祖先的传统。"

这部《共产党宣言》，并不是神谕，其中许多的观点今天看来有其历史性的局限。例如，工业无产阶级作为资本主义掘墓人的观点受到二十世纪以来历史发展的挑战，早在"一战"时期，社会党第二国际就因各国工人阶级与资产阶级联盟参战而宣告破产；"二战"以来西方资本主义的形态也在不断地变革和演化，"无产阶级"这一概念日益抽象。指出这些局限性或争议点，并不等于要去否定《共产党宣言》的一般结论。我想，马、恩透过《共产党宣言》第二部分想要传达的，更多是一种期许，表达的是对人的尊严的守护和对人性未来的期许。正如鲁迅先生所说："希望是本无所谓有，无所谓无的。这正如地上的路；其实地上本没有路，走的人多了，也便成了路。"希望，从来都不要放弃。这是难道不是作为先知的马、恩想向人世所传达出来的吗？

至于经常被提及和诟病的所谓马克思主义的乌托邦，我同意这样一种看法：乌托邦注定是要幻灭的，但乌托邦本身并无须承担历史选择导致的失败及其罪过，因为这本来是两码事。质疑马、恩的乌托邦、预言家身份的人选错了理应罪责的对象。换个角度讲，人类如果丧失了对乌托邦的政治幻想，如马、恩看到

《共产党宣言》，（德）卡尔·马克思、弗里德里希·恩格斯著，陈望道等译，中华书局

并指出的那样，人们没有历史记忆，也没有未来的激情，而只能永远活在资本的当下之中，那将是人类另一种无处容身的悲剧。

那么，套用《共产党宣言》的句式，简单回答一下前面的问题：我们在悉心阅读的过程中，失去的是乌托邦的幻灭，得

到的是强大的批判和反省的力量，以及对人性和人的尊严的希望。

　　人间四月，桃秾李郁，谨以这人世间的芳华，献给这部不朽之作。

郝　莉

【作者小传】

　　郝莉，女，汉族，1971 年生，博士，教授，现任西南交通大学教务处处长。

　　主要从事无线通信理论与关键技术研究，在该领域发表论文 30 余篇，其中在国际学术期刊（SCI 检索）发表论文 20 余篇；获美国发明专利授权 1 项，中国发明专利授权 3 项，提交 3GPP 提案 2 项；累计指导留学生、博士及硕士研究生数十名。入选教育部优秀人才支持计划，为四川省杰出青年学科带头人培养对象，先后主持国家 "863" 项目和国家自然基金项目 4 项，省部级项目 3 项。主研国家 973 计划项目，教育部创新引智计划项目、自然基金重点项目以及国家自然基金国际合作项目、十一五重大专项 LTE-Advance 课题等多个研究项目。赴日本、英国、德国等国家从事相关领域合作研究。曾担任美国 IEEE 学会成都分部主席，担任多个学术刊物以及国际会议的审稿人。主要研究兴趣包括 MIMO 检测与预编码、干扰管理与干扰对齐、多址接入与无线资源分配、高移动环境无线通信系统设计等。

穿越世纪的尘埃，回望智者的光芒

——读笛卡尔《谈谈方法》

大凡学理工科的人听说笛卡尔，都是从解析几何开始的。我便是如此。记得中学时先学习的是立体几何，在圆锥、圆柱和正方体中挣扎许久之后，刚刚接触解析几何时那种奇妙感觉现在仍然能够体会得到。我一直觉得自己抽象思维强于形象思维，所以

《谈谈方法》，（法）笛卡尔著，
王太庆译，商务印书馆

发现居然可以用代数的方法来解决几何问题，觉得这实在是一件奇妙的事情。笛卡尔自己回忆说，他在年轻的时候就敏锐觉察到，表述数学问题的传统方式存在不少缺陷。他抱怨说，几何分析被紧紧束缚在图形的研究上，即便它能锻炼智力，也会让想象力严重衰竭；代数则跳不出某些法则和符号的藩篱，最终成了一门混乱而

晦涩的记忆。为了让两门学科变得更清晰、更具一致性，笛卡尔引入了许多至今仍在代数中使用的表示法。是他发明了用 x, y 和

z 表示方程中的未知量，用 a，b 和 c 表示已知量。是他创立了表示数字的立方和高次幂的标准符号。更重要的是，笛卡尔证明，一切量只要它们之间存在可用数字表达的关系，就可以用几何线条表示出来；而包括曲线在内的几何线条都可以转换成代数表示式。笛卡尔把变数的概念引入了数学，恩格斯指出："数学中的转折点是笛卡尔的变数。有了变数，运动进入了数学，有了变数，辩证法进入了数学，有了变数，微分和积分也就立刻成为必要的了。"

尽管笛卡尔最为人们所熟知的是其在数学发展上所做的贡献，但其实他在物理学、生理学等多个学科领域都颇有建树，更被称为欧洲近代哲学的创始人。我开始对笛卡尔真正有些了解，是在最近读了学校主页经典阅读栏目推荐的笛卡尔《谈谈方法》这本书之后。最初开始读这本书，是因为刚刚准备接手学校教务处工作，面临新工作岗位的挑战，深感自己能力的不足，期待也许能从书中学些方法。然而真正开始阅读之后，特别在了解了笛卡尔的生平与时代背景之后，才觉得当初读这本书的初衷实在过于浅薄和功利，而这主要来自我对近代西方哲学史的无知。对西方哲学的最后概念，大约还停留在二十多年前的考研辅导。死记硬背记住了唯物主义和唯心主义是对立的，辩证法和形而上学是对立的，而马克思创建的唯物辩证法才是认识世界的正确方法。作为应试教育的直接受害者，当然一时很难理解说出"我思故我在"的笛卡尔在西方哲学史上所处的地位。

为了了解笛卡尔的生平与时代背景，我只能暂时放下《谈谈方法》这本书，转而求助于译林出版社 2010 年出版的《笛卡尔》一书。笛卡尔出生于十六世纪末期的法国，那个时代的欧洲，已经从中世纪令人窒息的黑暗中解放出来，处处洋溢着文艺复兴带来的清新气息。然而尽管现代文明的曙光已经在欧洲的天空出现，工业革命的到来还需要再等待 160 年，愚昧的阴霾仍然笼罩着欧洲的大地。1600 年，笛卡尔 4 岁的时候，布鲁诺被烧死在罗马的鲜花广场。1633 年，当笛卡尔的物理学巨著《世界》即将付印的时候，伽利略因为宣扬地动说而被判刑，这也直接导致了笛卡尔放弃了《世界》的出版。从这样的时代背景下走出来的笛卡尔，从八岁开始，在著名的拉弗莱什公学接受了八年的经院教育。在笛卡尔看来，尽管其早期所接受的数学启蒙对他后来的研究是有所帮助的，然而那种以经院哲学的思路来解释自然界的经院物理学是如此沉闷乏味，让他兴味索然并饱受折磨。笛卡尔在《谈谈方法》中是这样评价自己的求学生涯的："我自幼受书本教育。由于听信人家的话，认为读书可以得到明白可靠的知识，懂得一切有益人生的道理，所以我如饥似渴地学习。可是等到学完全部课程，按例毕业，取得学者资格的时候，我的看法就完全改变了。因为我发现自己陷于疑惑和谬误的重重包围，觉得努力求学并没有得到别的好处，只不过来越发觉自己的无知。"因而 1614 年离开学校之后，笛卡尔就决定抛开书本的束缚，"研究世界这本大书，努力取得若干经验"，并且"同时也研究我自己，集中精力在选择我应当遵循的道路。这样做，我觉得取得的成就比不出家门，不离书本大多了"。

笛卡尔倾心于科学，因为他明白科学发明可以帮助生产技术的进步，减轻人类的辛劳。但他不满足于为生产技术而研究科学，而要追究科学的原则。在与经院哲学斗争的过程中，略早于笛卡尔的培根发出了"知识就是力量"的呐喊。与培根一样，笛卡尔试图找出科学的总原则，用来推动全部科学的不断发展。他们认为经院哲学的根本错误关键在于认识方法的不对。经院哲学的方法是以某些宗教信条为根据，依照一系列固定的逻辑公式，如三段式，推出维护宗教的结论。这种推论的错误之处在于，一方面前提是否可靠是从来不管的；即使前提是可靠的，推论的结果也是前提所包含的，不能给人新的知识；并且逻辑公式只涉及形式，与内容无关，得到结论则是脱离实际的废话。与上述方法相对应，经院哲学有三个特点，信仰主义，先验主义和形式主义。培根提出了用经验主义来对付先验主义，而笛卡尔提出了用理性主义来对付信仰主义。笛卡尔有意采用了一种同时远离经验常识和传统物理学的解释方式，该方式似乎无意与自然物体向人类感官所呈现的表象保持一致。搭建笛卡尔物理学的材料是关于物体的数学事实。笛卡尔创立了一种理论，区分物体真实拥有的本质属性与物体似乎拥有的表象属性，因而也区分以感觉为基础的认知框架和更严格的数学式认知框架，坚信后者能够更加客观地理解物质世界。为了帮助自己理解这样的区分，我试图去找寻并思考一些例子。如果比较一下中医与西医的区别，会发现它们分属于两种不同的认识框架而各有一些很有趣的特点。中医"望闻问切"的诊断方法依赖于感官认知，具有宏观准确性而缺少微观精确性；西医依赖于各类检查结果，擅长从微观看问题，采用分析法，有微观精确性却有可能欠缺宏观的准确性。而近代以来起源于西方的科学研究，注重模型建立与数据收集，也是建立在数学式认知框架下的。而我最近深感困扰的一个问题是，尽管在科学研究上，国内的研究方法与国外大致相同，很多领域的研究水平也不分高下，在高等教育教学研究上，却与国外区别和差距很大。国内的教学研究，大多仍然从感官认识出发，现状分析缺乏数据支撑，提出的方法缺乏心理学、社会学等学科领域的理论支撑，结论也缺乏实验结果的支持。令人欣慰的是，国内主流高校在全面引进美国"全美大学生学习投入性调查（national survey of student engagement，NSSE）"系统的基础上，开展了 NSSE-China 调查，从而为以学生学习效果为基础的教学研究提供了数据基础。我校也参与了该项调查工作，近几年积累的相关数据也期待着更多研究者的整理和挖掘。

笛卡尔认为只有正确地应用才智，才能获得真理。在《谈谈方法》的开篇，他就谈到，"杰出的人才固然能够做出最大的好事，也同样可以做出最大的坏事；行动十分迟缓的人，只要始终循着正道前进，就可以比离开正道飞奔的人走在前面很多。"这里所说的才智，也就是良知，指的就是判别真假的理性。我不禁想起前段时间读过的《细读美国大学》一书中引用了一篇谈自由教育的文章。文章中谈到英国首相丘吉尔的一段往事。在得知了在奥斯维辛集中营纳粹德国居然发明了杀人效率极高的毒气室，以每天1.2万人的速度杀戮犹太人包括妇女儿童的事情之后，义愤填膺的丘吉尔写道："这大概是整个世界历史上人类所犯下的规模最大，亦最为恐怖的罪行，而且这桩罪行是正常的文明人运用科学的机器来完成的。"书中谈到，当时德国是世界上技术最先进的国家，德国人则是教育水准最高的民族，然而无数的高级知识分子，将他们多年寒窗学到的知识用于这项惨绝人寰的工程。正是出于对人类命运的关怀，美国的大学没有将传授知识作为本科教育的唯一宗旨。教育家们认为，本科教育必须贯彻"自由教育"传统的原因在于他们首先要交给学生明辨善恶的能力。这也从一定程度上证明了笛卡尔所说的"杰出的人才固然能够做出最大的好事，也同样可以做出最大的坏事"，尽管从紧接其后的话来看他更多强调的是正确方法的重要性。

笛卡尔提出，要立新必须先破旧。他说："由于我们在长大成人之前当过儿童，对呈现在我们感官面前的事物做过各种各样的判断，而那时我们还没有充分运用自己的理性，所以有很多先入的偏见阻碍我们认识真理，因此我们要摆脱这些偏见的束缚，就必须在一生中有一次对一切稍有可疑之处的事情统统加以怀疑。"旧有观念的消除，可能并非如我们想象的那么简单。我想起最近正在读的《如何成为卓越的大学教师》一书中提到的一次测试。20世纪80年代初，亚利桑那州立大学的两位物理学家想要知道，一门典型的按照传统强调牛顿运动定律的基础物理课程是否能够改变学生对于运动的看法。他们将试题发给四位不同老师班上的学生。大多数学生在学习课程之前，对物理世界都有了一套基本的直觉的看法，他们的看法被物理学家称为"亚里士多德和14世纪动量概念的混合物"，而不同于艾萨克·牛顿的经典物理学。学期结束后，两位物理学家用同样的卷子再次对学生进行了测试，发现该课程对学生思维方式的改变相当小，甚至许多成绩得A的学生都仍然同意亚里士多德而非牛顿的看法。他们记住了公式，学会了计算正确的数字，但是并没有改变他们的基本概念，他们仍然用他们学习该课程之前的直觉来解释他们所听到的关于运动的一切。两位科学家想要做进一步探究，便走访了几位坚持拒绝牛顿定律的学生，想看看能否说服他们放弃原先的错误理论。他们问学生一些基本的运动问题，这些问题要求学生依靠自己认同的运动理论来预测一个简单的物理试验中将要发生的情况。学生做出了自己的预测后再进行实验来验证预测是否正确。当然那些学生根据错误运动理论做出的预测被证明也是错误的，这时物理学家要求学生对他们的观点与实验结果之间的差异进行解释。令人惊讶的是，许多学生仍然拒绝放弃他们错误的运动观点。相反，这些学生认为他们刚才目击的实验并不完全适用于他们头脑中有问题的运动定律，这可能只是一个特殊的状况。两位物理学家在其发表于《美国物理期刊》上的名为《大学物理的最初知识状态》的文章中写到，"通常，学生会坚持错误的信条，即使那些信条跟他们所面对的事实矛盾。"学生往往会进行各种思想活动，来避免对抗和修正指导他们理解物理世界的基本的潜在法则，而让人尤其不安的是，有些这样的学生竟然得到了高分。上述测试的结果尽管可能与美国学生到大学才接受严格的物理训练有关，然而从中也可以看出人最初的看法一旦形成其改变是何等的困难。因而在教学过程中，"教授事实"和"传递知识"远不如帮助学生重新构建自己的知识体系重要，而教学的最终目的应该是帮助学生学会学习，帮助他们的思维发生转变。

罗素是这样评价十七世纪的："几乎所有现代世界与古代世纪之间的区别，都得归功于在十七世纪取得最辉煌成就的科学。"笛卡尔无疑是工业革命前十七世纪欧洲夜空中最璀璨耀眼的星星中的一颗。无独有偶，上周五晚听了浙江省社科院吴光先生名为《王阳明亲民思想的现代意义》的讲座之后，突发奇想，不知是否能从王阳明和笛卡尔身上找到一些共同点？王阳明所说的"天下无心外之物"与笛卡尔"我思故我在"是否都赋予了思维以特殊的使命？王阳明的"致吾心良知之天理于事事物物，则事事物物皆得其理也"与笛卡尔"那种正确判断、辨别真假的能力，也就是我们称为良知或理性的那种东西，本来就是人人均等的"两种良知又有哪些异同？是否王阳明所处资本主义萌芽阶段的中国又与笛卡尔文艺复兴后的欧洲有些许相似？而儒家经典《礼记·中庸》中的"博学之，审问之，慎思之，明辨之，笃行之"与笛卡尔《谈谈方法》中怀疑、分解、排序、考察四条原则是不是又有着异曲同工之妙？然而深入阐述上述问题，似乎超越了现阶段我对中国与西方哲学的理解，所以本文也只能到此打住，下阶段我准备把阅读重点放在西方哲学史和中西方哲学比较上。最后我想用自己很喜欢的一首关于笛卡尔的诗作为本文的结尾，也以此作为对那些人类历史长河里从不曾泯灭的智者们的怀念。

至高的形而上

在时间的拐弯处

你的影子无处不在

穿越过世纪的尘埃

因为一种思想你的光芒一路照耀

在人类精神的花园

你是一片长青的叶子

"I think therefore I am"

来自哲学的呓语谁的声音如梭

在每一个交叉的路口

智者如此说

李敬安

【作者小传】

李敬安，男，1982 年出生，工学博士。2014 年 2 月开始在材料科学与工程学院黄楠教授研究团队从事博士后研究工作，合作导师为杨苹教授。

主要研究方向为心血管植入材料表面改性研究。参与国家和省部级项目及横向课题 7 项，发表学术论文 20 余篇，申请专利 2 项。分别于 2012 年和 2013 年获得人工器官表面工程四川省重点实验室一等奖学金和特等奖学金。曾获得校级优秀共产党员、优秀研究生、优秀研究生干部、优秀毕业生等称号。

双螺旋的启迪

——读《DNA：生命的秘密》

"如果我们能无惧地接受 DNA 所揭露的真相，就不会再为我们子孙的未来而绝望悲叹了！"这是"DNA 之父"、诺贝尔奖得主詹姆斯·沃森在《DNA：生命的秘密》这本经典巨著上留下的印记。50 年前，DNA 只是少数专家感兴趣的深奥分子，世人几乎对这种简单而完美的"双螺旋"一无所知；50 年后的今天，它摇身一变，成为改变我们生活众多层面的重要角色，贯穿并引领包括生命、医学、农业、食品、军事、卫生等多个领域。它几乎无处不在！然而，它的发现并非一帆风顺，

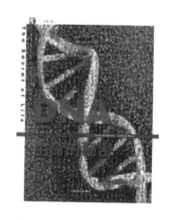

《DNA：生命的秘密》，（美）詹姆斯·沃森、安德鲁·贝瑞著，陈雅云译，上海人民出版社

必然与偶然的相对关系已无需在这里赘述，幸运之神永远眷顾那些有准备的人。那么在 DNA 双螺旋结构的发现与深入研究中，沃森和克里克以及在比他们更早的那个生命科学与神学交互混杂、

相互驳斥而又彼此印证的年代的科学巨匠们，给予了我们哪些启迪？饱读此书之后，如一道流星划过深邃的夜空，内心若有明悟。

一、科学的探索是孤独的，但始终有你一同前行

这是一个关于伙伴和团队的故事：我的背后留给你，但是你取代不了我的位置，这才是一个合格的团队。在一个领域的探索中，很多时候团队的每个成员必须独立承担自己擅长的那部分工作，但又必须和伙伴的工作相互补充和印证。沃森曾这样叙述"双螺旋"发现过程中他和克里克分别担任的角色："我花了整个下午时间，用纸板制作这些构造成分的图样"，"试着拼凑出全貌"，"我很快就发现，有一种简单的配对法搭配得恰到好处"，"这种配对方式简单而完美，几乎可以确定不会有误"。这是一个主角形象：孜孜不倦地探索，兴趣盎然地进行各种尝试，与其说是在试验，不如说是在玩耍。对克里克的定位，沃森也有间接的描述："我过去犯过错误，最好还是别兴奋过头，它还得通过克里克严格的检视才行。""克里克一眼就看出了我的配对法隐含双螺旋结构，由两条相反方向的分子链组成"。科学结论的设定，需要严谨的态度和审慎的思考。无论一个团队的成员多么才华横溢，总会需要一双不同的眼睛审视，克里克就是他们这个团队中的不同声音。

二、"兴趣是最好的老师"

克里克对重要问题的错综复杂总是非常着迷。小时候，他老爱问问题，双亲只好买一套儿童百科全书送给他，希望能满足他的好奇心。结果这反而让他没有安全感：他告诉母亲，他怕长大时所有事物都已被发现，而他将无事可做。母亲向他保证，日后一定还会有一两件事等他发现。事后证明，她说得很准。后来，克里克成为医学研究委员会研究单位的专职理论家，每个月至少

会提出一个新构思。

其实在我看来，对科学未知领域的探索就是玩耍的过程。读小学和中学的时候我就对自然科学情有独钟，当然那时候顶多算是被科普，但是也拿到了几个全国性的自然科学和生物学的奖项，最后以生物满分的成绩领取了母校西南交通大学的录取通知书，就读于当时的生物工程系，即现在的生命科学与工程学院。当时，家父并不赞同我报考生物工程专业，但架不住我苦苦哀求，还是改为第一志愿，否则现在可能早已"泯然众人中"了。可见，兴趣对一个人的人生轨迹产生的惯性是多么巨大。和多数理工男一样，我也曾沉迷于电脑游戏，但不可否认的是，显微镜下千姿百态的细胞和统计图中生动的曲线要比显示器里的动画人物生动得多。在游戏里，电脑程序是主宰；而在实验室里，只要掌握了真理，我就是那一刻的主宰，这种感觉让人着迷，真是太过瘾了。曾经在团队的 seminar 上有人问我"喜欢游戏多一些还是实验多一些？"我想都没想就说都喜欢，因为两者相通：都是探索未知，都让人着迷。但实验似乎拥有更大的魅力和魔力，让人着迷到可以放弃游戏。回想起来，自从乐此不疲地反复设计、优化、调整、评价自己课题的各项参数和指标，已经一年多没有点击过电脑上的游戏图标了。整个电脑桌面也被文献和数据盖得满满的。或许正印证了那句话："兴趣是最好的老师。"

三、怀疑是科学进步的原动力

与今天的世界学术界总是关心"学术不端"等问题不同，在那个科学巨匠层出不穷的年代，学术发现有哪些不足，能否产生深远影响是被更多关注的对象。那时，几乎每位科学家的新发现都曾被怀疑、验证、修正、再怀疑……循环往复。这一规律被当成当时科学发展的重要原动力之一。

1902 年，哥伦比亚大学医学院的学生瑟顿和在德国进行独立研究的波弗利分别发现孟德尔的"遗传因子"位于染色体上。他们的研究促成了后来的生物革命，被称为瑟顿-波弗利染色体遗传理论。基因突然成为实际存在的物质，而且位于用显微镜就可以实际看到的染色体上。然而同样在哥伦比亚大学的摩根却对此产生质疑。他认为瑟顿-波弗利理论不足以解释我们在大自然中观察到的变异现象。由此，遗传学实验史中最成功的动物模型"果蝇"登上了科学的舞台。摩根的研究不仅有效证实了瑟顿-波弗利理论，更发现了举世闻名的"性联遗传"规律。

2009 年，我加入黄楠教授的研究团队攻读博士学位，在杨苹教授的指导下从事生物医用植入材料金属钛表面透明质酸（HA）微图形调控血小板、内皮细胞和平滑肌细胞的研究。当时几乎所有人都认为 HA 微图形对血小板的调控作用来自于它的阻抗特性，这也是当时学术界的主流声音。但是一直到 2011 年，我所做的多数实验结果与这一论断几乎完全相反，当时我开始怀疑这个貌似公论的正确性。在经过与导师杨苹教授及另外几位同学的讨论和大量查阅文献的基础上，终于证实 HA 与血小板黏附路径中的主要作用蛋白"纤维蛋白原"具有很强的特异性作用，由此推测，我所使用的 HA，基于分子量的不同，它的调控作用来自于对血小板黏附的促进，而非阻抗作用。利用这一发现，我设计了一种新的钛表面生物修饰方法，目前正在申请专利。

四、成功只属于活下来的人

在 DNA 模型建立计划的四位主要科学家中，只有沃森、克里克和威尔金斯在 1962 年获得了诺贝尔生理医学奖的殊荣。出身剑桥的年轻女性科学家富兰克林在此 4 年前已经因卵巢癌而不幸早逝，享年 37 岁。诺贝尔单一奖项的获得者向来不超过三个人。倘若当时富兰克林还在世，势必要在她和威尔金斯之间做出选择。或许瑞典人会授予富兰克林诺贝尔化学奖以解决这个问题。也就是说，可以百分之百肯定，如果富兰克林在世，当时的诺贝尔化学奖就不会颁给发现血红素与肌红素三维结构的佩鲁茨和肯德鲁了。十年树木，百年树人。所以，我们在努力追求科学高峰、事业成功的同时，一定要注意身体、珍惜生命。

最后，我以《周易》里的一句话结束这次畅谈："天行健，君子以自强不息。"我们的母校西南交通大学拥有 100 多年的历史，曾经是理工科高校中当之无愧的翘楚，培养了无数的理工科人才。已毕业的同学聚会时仍然会说"我以能成为交大的学生为荣"。这份荣誉是无数交大人用勤劳的汗水拼出来的。作为一名理工专业的研究人员，我说不出华丽的词句，但我会一如既往默默地在实验室挥洒汗水，用丰硕的成果为母校的发展添砖加瓦。

庞烈鑫

【作者小传】

庞烈鑫，男，1978 年生于新疆和静，工学硕士，管理六级。现任西南交通大学学科发展中心副主任。

主要研究方向为高教管理、教学管理、学科建设与研究、学术组织建设等，参研国家级、省部级教改课题多项，曾获得 2005 年四川省教学成果二等奖 1 项、2009 年四川省教学成果一等奖 1 项、国家教学成果二等奖 1 项，并在《中国大学教学》等期刊上发表多篇教学管理文章。同时也从事工程地质学研究，并有专利 2 项，在《岩石力学与工程学报》《水文地质工程地质》等期刊上发表专业论文多篇。

从《如何阅读一本书》开始悦读

一、重新审视阅读

学校在马年元旦之日颁布了经典阅读书单。但遗憾的是，学校精心推荐的 96 本书里，我完完整整看过的竟然屈指可数。这对身在象牙塔、整日与书本和文字打交道的我，无疑是一种棒喝，我还能自诩为读书人吗？

羞愧之下，我拿着书单，带着女儿直奔书店。转了几圈，发现书店中教辅学习、管理经济、金融投资、旅游时尚、养生保健、娱乐休闲等类书琳琅满目，除四大名著外，其余经典阅读书单上的书甚是难觅。是经典远离了我们，还是我们已经遗忘了经典？看到恩斯特·卡西尔的《人论》，像是在沙漠中找到一枚金币，我无比兴奋！

《如何阅读一本书》,（美）莫提默·J.艾德勒、查尔斯·范多伦著，郝明义、朱衣译，商务印书馆

当我从书架上取下书籍，站在一旁的女儿突然问道："这么厚的一本书，怎么阅读呀？"我张开嘴正欲回答，但我马上意识到，

童真的女儿提出的是一个类似"1+1"的命题。如何阅读一本书？我的表情瞬间凝固，犹如寒风中的一尊蜡像。半生读书，竟然从未思考过如何阅读一本书！熟知非真知，身为教育工作者，特别是在女儿面前我又岂能以己昏昏使人昭昭？"如何阅读一本书，的确是个大问题，我要好好学习后才能回答你。"

带着女儿的问题，我陷入了沉思。"读书"，多么简单、多么熟悉的两个字，但突然之间却变得如此深奥、晦涩。从小老师教过我怎么阅读吗？面对浩瀚如山的书籍，我该如何阅读？阅读有科学的方法和技巧吗？……终于，我发现了 96 本经典之外的另一本经典——莫提默·艾德勒写的《如何阅读一本书》。

二、选择超越你头脑的书

"书中自有千钟粟，书中自有黄金屋，书中自有颜如玉"，"知识就是力量"，"书籍是人类进步的阶梯"。或许你和我一样，都曾为这样的励志名言而读书，认为多读书总是好的。但在《如何阅读一本书》的最后一章，作者告诉我们，我们需要不断地阅读，但不是任何书或文章都要读，我们要读那些"超越你头脑的书"。记得电视剧《士兵突击》里有这样一幕，主人翁许三多面对图书馆里的书籍不知从何开始阅读，索性就以书名字母为序从 A 至 Z 一本本阅读。回想自己的阅读经历多是如此，只是为了读书而读书，总是在书山中毫无头绪地乱转，对如何选择书籍毫无概念。甚幸的是学校开出了经典阅读书单，无论怎样，对于我而言这都是一条吸取书籍精华、与先贤智者交流的捷径。

经典之所以成为经典，是因为它超出普通读物，具有很高的精神价值和审美价值。面对经典书籍的饕餮盛宴，你是否已经准备好，有足够的能力去消化它、吸收它呢？这些超越你头脑的经典书籍，是否适合你阅读呢？在《如何阅读一本书》里教给我们一种检视阅读法，这是一种判断书籍是否适合自己阅读的方法。拿到一本书，在第一时间要知道这本书的分类，要知道书名在说些什么。其次应该看它的封面或者扉页，对于作者介绍、生平和所处历史背景要有一个大致的了解，这是为了方便之后对于书中内容的理解，会知道该怎样基于作者的观点来理解作者的描述，也会明白自己要看懂这本书需要哪些知识积累。譬如在读亚里士

《如何阅读一本书》，（美）莫提默·J.艾德勒、查尔斯·范多伦著，蔡咏春、周成刚译，上海译文出版社

多德的《政治学》之前，就需要了解希腊奴隶制的社会背景；在读《君主论》之前，就要知道当时意大利的政治情况；在读《利维坦》之时，就要了解英国内战时期社会的暴力与混乱；在读卡西尔的《人论》之前，就要先了解哲学史及苏格拉底、柏拉图等人的主要思想。唯有此，我们才能判断是否应该在此时阅读这本书。

三、要有思考地阅读

古人熟读而精思，可以做到"半部《论语》治天下"。所谓学富五车，"五车"的竹简拿到今天来，估计还不够印成一本的，但是他们中却出了很多的文学家、思想家。我们和古人的差距就在于：古人读书，在读中思，思而有得，所以读书有成；今人读书，泛读不思，多而杂，却不得要领。在《如何阅读一本书》中把这

种读得太广、却读不通的人叫做书呆子，并提出"要避免这样的错误——以为读得多就是读得好的错误"，要通过阅读，"让一本书真正属于你自己"。为此，书中要求我们在阅读时要向自己提出四个问题：

第一，整体来说，这本书到底在谈些什么？你一定要想办法找出这本书的主题，作者如何依次发展这个主题，如何逐步从核心主题分解出从属的关键议题来。

第二，作者在细部说了什么，怎么说的？你一定要想办法找出主要的想法、声明与论点。这些组合成作者想要传达的特殊信息。

第三，这本书说得有道理吗？是全部有道理，还是部分有道理？除非你能回答前两个问题，否则你没法回答这个问题。在你判断这本书说得是否有道理之前，你必须先了解整本书在说些什么才行。然而，当你了解了一本书，如果你又读得很认真的话，你就会觉得有责任为这本书做个自己的判断。光是知道作者的想法是不够的。

第四，这本书跟你有什么关系？如果这本书给了你一些资讯，你一定要问问这些资讯有什么意义。为什么这位作者会认为知道这件事很重要？你真的有必要去了解吗？如果这本书不只提供了资讯，还启发了你，就更有必要找出其他相关的、更深的含意或建议，以获得更多的启示。

陈寅恪先生曾提倡独立之精神，从以上四个问题里，我们不难发现，阅读时自我的要求实在是太重要了，只有独立思考的阅读才能让我们进入书本的世界里。

四、阅读是一门艺术

莫提默·艾德勒在书中写道：每本书的封面之下都有一套自

己的骨架，作为一个读者，你的责任就是要找出这个骨架。一本书出现在你面前时，肌肉包着骨头，衣服包裹着肌肉，可说是盛装而来。你用不着揭开它的外衣或是撕去它的肌肉，才能得到在柔软表皮下的那套骨架。但是你一定要用一双 X 光般的透视眼来看这本书，因为那是你了解一本书、掌握其骨架的基础。

法国学者巴斯卡在三百年前就说：读得太快或太慢，都一无所获。《如何阅读一本书》将阅读作为一门科学和艺术，详细阐述了阅读的步骤，并提出了不同速度的阅读方法与技巧，使读者尽可能减少读书时的迷思困扰，更好更快地感受到读书的愉悦。在书中，作者不仅介绍了阅读的十五条一般规则与方法，还用浓重的笔墨在第三篇中介绍了阅读不同读物的特有方法。比如介绍了如何阅读实用型的书，如何阅读想象文学，如何阅读故事、戏剧与诗歌，如何阅读历史书，如何阅读数学与科学书，如何阅读哲学书，以及如何阅读社会科学类的书。虽然这些方法不是万能的，但通过作者清晰的描述、总结和概括，我们还是可以感受到这些方法的独到之处，对我们有的放矢地进行阅读、提高阅读质量大有裨益。

米勒尔·海明威在《真实的高贵》中谈到：悔恨自己的错误，而且力求不再重蹈覆辙，这才是真正的悔悟。优于别人，并不高贵，真正的高贵应该是优于过去的自己。虽然我到现在才发现自己在阅读的道路上走了如此多的弯路，但我仍然庆幸我找到了《如何阅读一本书》。阅读不仅是消遣、获取信息，而是挑战自己，让心灵丰富、成长的过程，要做一个主动的读者，就和我一起从《如何阅读一本书》开始"悦读"吧。

王玑

【作者小传】

王玑，男，汉族，1990 年生于四川成都，爱好音乐、电影、网球，现就读于西南交通大学电气工程学院 2013 级电气工程专业（硕士）。

喜读书，但平时由于投身科研事业而很少染指人文书籍，除专业书外，尤爱世界历史、艺术以及西方诗歌方面的著作，其中以文艺复兴时期经典作品为最。由于长期受理工科思维与知识体系的影响，每每阅读名著仅限于理解其表面含义，结合自身经历做一些肤浅的理解，在此还请各位书友多多指教。

天国的宝礼

——随《神曲》畅游三界小记

但丁·阿利吉耶里（Dante Alighieri，公元 1265—1321）是意大利的民族诗人，与莎士比亚、歌德并称世界三大文学巨匠。他出生于意大利佛罗伦萨市贵族家庭，曾为佛罗伦萨最高行政官之一。后因政治原因被流放，终身未能返回，在其流放期间创作出享誉世界的《神曲》。《神曲》是用意大利方言写成的。"神曲"是汉语翻译过来的名字，原书名是《喜剧》。这个"喜剧"并不是我们理解的现代意义上的喜剧，而是结局非常圆满的故事。《神曲》后来被薄伽丘冠以"神圣的"，所以从 1955 年以来，就定名为《神圣的喜剧》。

《神曲》全篇以诗歌形式展现，采用中世纪特有的幻游形式。但丁以自己为主人公，假想他作为一名活人对冥府——逝者的世界进行了一次游历。

《神曲》，（意）但丁著，王维克译，人民文学出版社

全诗分《地狱》《炼狱》《天堂》三部，每部 33 篇，最前面增加一篇序诗，一共 100 篇。诗句是三行一段，连锁押韵，各篇长短大致相等，每部也基本相等，每部都以"群星"（stelle）一词结束，形成完美的对应。

但丁以第一人称讲述了自己在 35 岁时误入一座黑暗的森林（象征罪恶），在一座小山脚下，有三只猛兽拦住去路：一只母狼（象征贪欲）、一只狮子（象征野心）、一只豹（象征逸乐）。也有另一种说法是说它们分别象征教皇、法国国王和佛罗伦萨人。当他呼救时出现了古罗马诗人维吉尔的灵魂，对他说："你不能战胜这三只野兽，我指示你另一条路径"。维吉尔带领他穿过地狱、炼狱，然后把他交给当年但丁暗恋的情人贝亚德的灵魂，带他游历天堂，直到见到上帝。

但丁在《神曲》的写作中引用了许多古希腊神话、意大利本国文化和其他西方古代传说，每首诗运用大量的隐喻和类比的手法，因而初读给人一种晦涩难懂的感觉，对读者的西方文学功底有较大的要求。神曲的语言秉承了西方文学的理性辩论的风格，而与我们熟悉的中国诗歌的语言截然不同。其中最大的神人讨论莫过于对于信仰和德行的讨论。在这两个讨论中，作者用了较大的篇幅来表现这两个问题，而言语本身已经透露了西式语言本身的辩论意味。这种语言与中国注重情感式诗歌语言是多么的不同。对于从小学习中国诗词曲赋、受东方文化耳濡目染的理工科研究生来说，想要透过但丁的字里行间，深入了解潜伏于其语言与故事背后的深刻文化内涵，是一个不小的挑战。

在《神曲》中，但丁用他丰富的想象力、优美的语言和华丽的辞藻描述了地狱、炼狱、天堂的景象。有关地狱的描述与柏拉图在《理想国》中的描述非常相似。地狱是一个大漏斗，中心在耶路撒冷，从上到下逐渐缩小，越向下所控制的灵魂罪恶越深重，直到地心。地狱中灵魂所犯的罪大体上可归结为无节制罪（淫邪、贪食等）、暴力罪（他杀、自杀）、对非信任者的欺诈罪和对信任者的欺诈罪。把每种罪的灵魂分别被放逐在一层、一环或一囊中。其间会经过深渊、悬崖、怪兽、巨人井、冰湖，到达地狱的最低点，即魔王卢奇菲罗（撒旦）巨大的身躯守在南北相接处，但丁和维吉尔抓着撒旦的身体爬了下去。从魔王的尾巴爬过地心，下去就到了南半球，然后向炼狱山走去。

地狱这一部分的阅读体验不免让我联想到了我们中国民间传说中的相关描述，西方文化中的地狱虽然和我们东方文化描述的有出入，但其在诸多方面却是相通的。尤其是关于地狱审判的描述，在人间犯下一定罪行的人要在不同的地方接受不同程度的惩罚。比如，地狱的第二圈为色欲圈，沉迷于色欲的人要在这里被狂风吹卷，永不停息；第三圈内但丁的同乡要接受冷雨和三头狗怪的威胁。此外在另一点上也是相同点，即对于在人间有重要作为以及善良的人，都会受到一定程度的优待。在中国文化里，"好人"可以投胎转世，免受地狱之苦；而在西方文化里，若是伟大的诗人和英雄，只要其英明事迹还被人间传唱，就可以在第一圈的候判所悠然地生活，并享有一定的话语权。但丁将许多古代先贤哲都设定在了这一层，比如亚伯拉罕、大卫、摩西、苏格拉底、柏拉图等。

炼狱是一座浮于海上的高山，在耶路撒冷相对的地球另一面海中，共有 7 级，加上净界山和地上乐园，共 9 层。整个炼狱的氛围比较宁静、明朗。生前犯有罪过，但程度较轻，已经悔悟的灵魂，按人类 7 大罪过（傲慢、忌妒、忿怒、怠惰、贪财、贪食、贪色），分别在这里修炼洗过、忏悔涤罪，每上升一层就会消除一种罪过，直到山顶就可以升入天堂。

天堂同样分为九层，以我们熟悉的几个星球的名字命名，如：月球天、水星天、金星天……各天显示着善良和幸福的灵魂。越往上的灵魂越高尚，他们被光所包围着，唱着欢乐的赞美上帝的歌。直到越过九重天，最后是原动天，即天府，是所有神和天使们最终的聚集之所，是一切爱和善的根源，这里也是圣母和所有得救的灵魂所在地。经圣母允许，就能一窥三位一体的上帝。

但丁对于三界景色的描写绘声绘色，在其丰富瑰丽的想象力下，却常常喜欢采用来源于日常生活和自然界的极其通俗的比喻，以产生极不寻常的艺术效果。无论是在实验室紧张科研的间隙、午后慵懒的闲暇时光，还是深夜睡前的烛火灯前，捧起一本《神曲》，就仿佛带上了 3D 眼镜，坐在电影院中欣赏着但丁导演带来的犹如"阿凡达"与"少年派"般的饕餮盛宴。

《神曲》中有两处让我印象深刻，其一是在地狱篇第二圈色欲圈中的保罗和弗朗西斯卡。这对相爱的人在人间时，由于家庭、畸形婚姻以及社会道德的限制不能在一起，毕竟在任何时代弟占兄嫂都是要受到谴责的。由于他们活着时多次偷情，死后便要在地狱接受永恒之风的残害，他们在受难时紧紧相拥。但丁在对于这两个人物的设定中，一方面认为保罗和弗朗西斯卡犯了贪色罪，所以把他们安排在地狱里受刑，另一方面又为他们所遭遇的爱情悲剧所感动以至晕倒，不免让人心中产生怜悯之情，想要解救他们于水火。看来在公正尺度下的冤屈早在 13 世纪就有人对此作辩证思考了。公平的尺度很难掌握，从中世纪到现在一直都是。毕竟世上没有绝对的公平，所以当我们在学习工作中遭遇了所谓不公待遇的时候，又何尝不能收起抱怨的情绪，多思考、多总结，努力塑造更好的自我，去追求那"相对"的公平呢？

另一点让我印象深刻的是对生命中苦难的理解，但丁的《神曲》仿佛是生命深渊最低处的绝望。但凡历史上诸多伟大的人物，他们从来就是苦难加身、充满绝望的人，但正是苦难促使他们完成了奇迹般的伟业，从伤痕累累的生命中升起盎然的战斗意识与命运做殊死斗争。唯有像但丁这样站到深渊的底处去体验苦难，才能怀有对生命最炽热的爱，对践踏生命的一切阻力发出最彻底的批判与抵抗，在苦难中真正解脱自己，接受来自天国的宝礼。

以下是从《神曲》中摘录的佳句，在此与各位共勉：

攀登那荒凉的山脊，而立得最稳的脚总是放得最低的那一只。

倘若你想从这蛮荒的地界脱身，你就该另寻其他路径。

你为何不去搭救你如此心爱的人？他曾为你脱离了世上的庸俗的人群。

事物越是完美，就越会感到快乐和伤悲。

现在，孩子，你可以看出钱财对人们的短暂愚弄，因为钱财是掌握在幸运女神手中，而人们为获得钱财仍在疲于奔命；这是因为不论是过去还是现在，月天之下的所有黄金都会使这些疲惫的魂灵无一能得到安宁。

由于有了爱，世界往往才变得一片混沌；正是在那时，这一带古老的巉岩才在这里和别处崩坍。

善听者才能牢记心尖。

了解一些人是适宜的，而对于其他人则最好还是缄口不言，因为需要谈的是那样多，而时间却又是那样短。

倘若这厄运业已发生，那也不算过早：既然它总要发生，那就索性让它早日来到！因为不然的话，这会使我更加痛苦，正如我会变得更加衰老。

马 跃

【作者小传】

马跃，男，汉族，1958年生于辽宁锦州，硕士，副研究员，硕士生导师，西南交通大学科技处综合科科长（六级管理岗位，2014年底聘期到期）。

主要研究方向为高校科研管理理论、行政管理。承担过铁路科技项目管理系统（原铁道部）、考虑学科背景的博士生科研能力研究（教育部）、交叉学科科学研究评价体系基本构架的研究（四川省）的研究任务；撰写、发表大量学术论文，其中多篇获中国高教学会科技管理研究分会优秀论文奖；获四川省第十次哲学社会科学优秀成果三等奖、2007年度詹天佑铁道科学技术专项基金——第六届西南交通大学专项管理奖；获教育部"九五""十五"全国高校科研管理先进个人称号；多次获学校优秀共产党员称号。

阅读如此塑造人生：徘徊时，阅读赋予睿智；沮丧时，阅读催人奋进；顺利时，阅读扩大视野；成功时，阅读使人冷静。一个人可以把学过的教科书尘封于高阁，但不能把永恒的阅读置于脑后。生命不可缺少阳光、氧气和水分，生活不可缺少阅读、思考和实践。阅读的需求与生活（或职业）的资历是成正比的，职业生涯越丰富、越久远，对阅读的依恋越浓烈、越纯净。阅读推迟生命周期由兴而衰拐点的出现，是不断攀升的助推器。

《从一到无穷大》读后感

《从一到无穷大》，（俄）
G. 伽莫夫著，暴永宁译，
科学出版社

一、"老友"重逢

见到《从一到无穷大》出现在"西南交通大学经典阅读推荐书目"中，心中泛起一阵难言的涌动。初次读它是在 30 多年之前。这次阅读经典书目，再次锁定《从一到无穷大》，当即下单网购一册，置于案头，常阅不疲。

二、常读常新

《从一到无穷大》是一部讲述数学原理的著作。与满篇的公式符号不同，这本书是以聊天的方式而不是板书的方式娓娓道来，用最简单的方式传播最深奥的道理，吸引人们在从一到无穷大的"射线"中流连忘返，在书的字里行间汲取营养，不但使人感到常读常新，而且使人感到常读常亲。

三、开卷有益

《从一到无穷大》几乎是靠"故事"来搭建的。这些故事有占典传说、益智传说、近代科学成果，数学特有的、冷峻的公理化体系巧妙地隐藏在随意拈来的故事背后。这些故事既在书中起到特定的作用，也可以脱离书本变成其他场合（如教育子女）的谈资掌故而丰富我们的知识库。如此能够引起读者各种奇思妙想的著作，自然会使人开卷有益，并模仿本书去解剖其他的"通俗"故事甚至常识。

四、慎对常识

我们有时又会被常识所欺骗。《从一到无穷大》告诉我们，有限次（如 n）验证的结论在 n+1 次时未必成立，书中举出了不少这样的例子。例如，初中生都知道三角形三内角和等于 180°。这个常识在球体上就不对了，例如在地球仪的北极引出两条不重合的经线与赤道相交所围成的三角形中，三内角和就大于 180°。为什么会这样？是因为受到了条件变化的影响。三内角和等于 180°是在平面几何中的定理，三内角和大于 180°是球面几何中的定理，都是特定条件下的相对真理。这个现象启发（或警告）我们，对于常识性认识不能想当然地随意放大，在科学研究中，任何科学认识都要经过特定环境的检验，要把科学认识的前提搞清楚。

五、阅读方法

该书的内容丰富多彩，对读者的思维定力是一种考验。当年初读《从一到无穷大》时，就是因为没有社会活动经验，被淹没在精彩素材海洋之中。这次复读，吸取了过去的教训，首先确定阅读的逻辑线路：一方面弄清什么是一，什么是无穷大，另一方面弄清一与无穷大的关系。或称"哑铃"阅读法：一和无穷大是两个哑铃，关系是连接两个哑铃中间的把手。如此，有效克服了初读该书时被素材淹没、主题模糊的缺陷。实际上，在阅读大型著作时，可能不止一副"哑铃"，那么多副"哑铃"加在一起，就是星型，这让我想到了典型的网络拓扑。

六、品味副标题

让我们把焦点对准本书的副标题：科学中的事实与臆测。从字面上看，"事实"与"臆测"似乎是一对相矛盾的命题，但加上"科学的"限制，矛盾的双方就达到了有机的统一，从本质上揭示了从一到无穷大的奥秘。事实是指可被感知的客观存在，臆测是指凭主观想象推测的某种存在，二者既相互对立又相互依存。事实在被感知以前都是臆测的，需要科学发现和证明。我们处在一个无穷大的世界里，所感知的客观存在是极其有限的。人类（人类学的新人阶段）至今也就 5 万年的历史（个体人生则一般以百年为限），相对宇宙存在的 50 亿年是何等渺小幼稚，人类现已认识到的事实在整个客观存在中实在是沧海一粟。用不大准确的比喻来说，事实就相当于"一"，臆测就相当于"无穷大"。在臆测中发现事实，再从一开始去检验事实，应当是我们认识世界的真实轨迹，是一种辩证唯物主义的世界观和方法论。

七、"1"的感悟

数学中有专门的分支研究数字特性，即数论（包括代数数论、解析数论、计算数论）。初等数论一般仅研究整数，甚至是自然数。如果有人问：最小的自然数是几？恐怕许多人都要先愣一下，因为问题简单到了不敢随口回答的程度，有什么玄机呢？不错，这个问题的答案很有意思，以前是 1，现在是 0。

自然数是用以计量事件件数或表示事物次序，并用数码 0，1，2，3，4……表示的数。自然数由 0 开始，一个接一个有序递增，组成一个无穷集合。自然数是人们认识的所有数中最基本的一类，为了使数的系统有严密的逻辑基础，数学家们建立了自然数的序数理论和基数理论，使自然数的概念、运算和有关性质得到严格的论述。自然数具有四大功能：第一，基数功能，表示某一类事物数量多少的属性，回答"有几个"的问题；第二，序数功能，表示某一类事物前后顺序的属性，回答"第几个"的问题；第三，运算功能，利用自然数可以做加减乘除四则运算（加法与乘法运算是封闭的，减法和除法则是不封闭的）；第四，编码功能，编码既不表示数量，不表示顺序，也不能运算，只是事物的一个代号（如手机号码、邮政编码、身份证号码、计算机二进制数编码等）。

尽管 0 和 1 都是作用非凡的自然数，但我更偏爱 1。理由很简单，1+1=2，而 0+0=0。1 代表了实实在在的增长趋势，看得见，摸得着。有了 1，就会有百千万，就会走向无穷大，就不会原地踏步。在本职工作中，则意味着任何成功都是由每 1 个具体的成功要素构成的，只有做好每 1 件（而不是 0.1 或 0.99 件）具体工作，我们的工作规划才能有效推进，我们的事业才会走向成功和胜利。所以，工作中的"1"要求我们，必须从 1 做起，既不能好高骛远，又不能灰心气馁，工作要精要细，达到"1"所表征的完整完全的要求。每个没有残缺的 1 加起来，就是我们所期望的。

八、"无穷大"的感悟

无穷大，就是在自变量的某个变化过程中绝对值无限增大的变量或函数，分为正无穷大、负无穷大和无穷大（分别记作 $+\infty$、$-\infty$ 以及 ∞）。它被广泛应用于数学之中，用以表述事物无限增大的数量属性。无穷大是可望而不可即，也没有必要去企及的事物。

作为关键词之一，《从一到无穷大》列举了大量的实例，描述了事物"大"或"巨大"是数量境界。无穷大就在我们身边，我们时刻都在与无穷大打交道，在畏惧它的同时要娴熟地驾驭它。天文学是最能直观理解无穷大的学科，化学也是与无穷大相伴的学科。实际上，我们拿 0 和 1 两个平常的自然数就能瞬间构造出无穷大：将 1 做分子，0 做分母。对于无穷大，我们承认它的存在就够了，没有必要去遍历。认识它要从其子集——有限集入手。以数为例，复数实数+虚数有理数+无理数整数自然数，对无穷大的认识其实是从自然数开始的。承认无穷大、认识有限集是唯物主义的科学态度。

无穷大的原理告诉我们，任何事物都不是简单的，都有无穷大的属性。即便大家都认为简单的东西也有未被发现的无穷大属性。在具体工作中，不能被成绩冲昏头脑，要保持冷静，因为山外有山楼外有楼，从追求卓越的角度去看，需要做的东西是无穷大。

九、1 与∞关系的感悟

1 与∞是客观世界的基本属性，无论从什么数量切入，都可进入茫茫的微观世界和浩渺的宇观世界。1 与∞的存在值得关注，1 与∞之间的关系（通俗讲即小与大的关系）同样值得关注和思考，没有小就无所谓大，反之亦然。∞无论怎样地令人惊心动魄，都是能够被认识的，而认识∞必须从 1 开始。∞的存在反衬出 1 的价值。

∞给我们工作的启示是要学会并坚持全面地看问题，其核心是追求和坚持真理。关于真理的理论有融贯论、符合论、冗余论及相关理论、构造论、实用主义理论、最小（紧缩）理论、履行论、克里普克真理理论、马克思真理理论等多种理论。在认识和解释事物的多种结论中，只有符合客观实际的那种认识才是真理。

马克思主义真理理论符合客观实际，是具有普遍指导意义的真理理论。

客观世界是无穷的、变化的，任何真理性的认识都只是对特定具体事物一定程度和层次上近似的正确反映，而且与时俱进、推陈出新。既要坚持承认客观现实，又要坚持顺应客观变化，这才是唯物辩证的观点。在这种观点下，要处理好绝对真理与相对真理的关系，在我们的具体工作中掌握主动。对于近期受到热议的科研工作绩效考评问题，应当注意几个原则：第一，要坚持承认实际工作贡献的观点。科研贡献只有领域不同，有贡献就要承认；第二，科研不同于工业生产，个性化极强，不能一刀切；第三，科研贡献方式有多种多样，仅局限于简单几种方式予以承认是不符合客观实际的（因而也不具有真理性）；第四，定性与定量都是相对真理，有各自的适用机理，不能盲目扩大；第五，以国家战略需求为导向，鼓励各尽所能、各展所长，促成百花齐放的局面，这才是科研工作绩效评估的宗旨。掌握这些原则，科研工作绩效考评的科学机制就会得以建立。

徐 玲

【作者小传】

徐玲，女，汉族，1995年生于四川广安，好看书，偶尔写散文，听音乐，逛豆瓣。现就读于西南交通大学峨眉校区财会系2013级会计专业（本科）。

一直认为爱好文学的人是敏感的，女伤春，士悲秋，感时花溅泪，恨别鸟惊心，都是常态。幼年看彼得·潘，爱上永无岛生活的多姿，便不再愿意成长；一念诵余光中的"当我死时，葬我，在长江与黄河之间，枕我的头颅，白发盖着黑土"，顿觉死亡也是荡气回肠；而看多了化蝶的梁祝，再看现实生活难免觉薄情……为一个尚不知真假的传说落泪，为一句叩动心扉的诗文出神，甚至把心神交付给另一个时空而不再走出来……可是我们原本就是生活在这一方一寸，它不是《牡丹亭》，也不是《桃花扇》。不要伤感，提笔我是林黛玉，放笔我是鲁智深。我虽无比热爱文学的美丽世界，但还是让我活在这个地方吧。

《小王子》读后感

　　故事的主人公小王子来自于比一栋房子大不了多少的小星球——B612 星球。这是一个类似于中国人心目中的月亮的星球。像月亮中只有冰冷的宫殿，捣药的玉兔，丁丁伐木的吴刚，永远砍不倒的月桂和悔恨飞升的嫦娥一样，B612 星球上的"常住居民"只有小王子，两座活火山（其中一座也许永远都不会喷火），拔不完的猴面包树苗，还有一朵来路不明的玫瑰。在那座星球上，你只要把椅子往后挪几步就可以看到太阳西沉，就可以看见暮色苍茫。

《小王子》，（法）安东尼·德·圣埃克苏佩里著，马振聘译，人民文学出版社

　　小王子途经了许多星球，遇见了一个穿白鼬皮饰带的国王，一个爱慕虚荣的人，一个只知道做加法的红脸胖胖的商人，一个忙碌的点灯人和一个地理学家。然后他听从地理学家的建议，来到了地球，他到了沙漠，登上了高山，走过雪地，来到一个玫瑰花园，看到了和他那独一无二的玫瑰一模一样的花儿。他还遇到了一只

狐狸，并且把它驯服了。他听过狐狸的真理：我们只有用心才能看得清楚，本质的东西肉眼是看不到的；是你为你的玫瑰失去的时间，你的玫瑰变得如此重要。又想起小王子的话，星星都很美，因为那里有一朵我们看不见的花。如果有人爱上了一朵花儿，在数不清的星球中独一无二的花儿，那么，只要他望着星空就足以使他感到幸福。他会想到，"我的花儿就在那个地方……"可要是绵羊把花儿啃了，那对他来说，就像是突然之间，所有的星星都熄灭了！他有时会躺在夜空下的沙漠看星星，哪怕五亿个星星变成了五亿个小铃铛，再变成五亿朵泪花。不知道小王子是否也有泰戈尔的诗意："让我设想一下，繁星中有一颗，引导我的生命，去穿越那未知的黑暗。"也许，仰望着五亿颗星星真是一件很快乐的事情，因为他有一朵玫瑰，在未知的星球上，在异域的蓝空下，安然地开着，虽不相见，也有一份天涯相共的快乐。

在小王子眼里，玫瑰花是那么柔弱，她还是那么天真，她总共只有四根刺来抵御世界，保护自己。小王子爱上了一朵骄傲而且虚荣的玫瑰，因此哪怕驯服了狐狸，他也不会因此停留。这似乎很悲哀呀，大概真像沈佳说的那样，人生本来就有很多的事是徒劳无功的。比如小狐狸对小王子，比如小王子对玫瑰。

"你看到那边的麦田了吗？我不吃面包，麦子对我来说一点意义也没有，麦田无法让我产生联想，这实在很可悲。但是，你有一头金黄色的头发，如果你驯养了我，那该会有多么美好啊!金黄色的麦田会让我想起你，我也喜欢听风在麦穗间吹拂的声音……如果你驯养了我，那我的生命就会充满阳光，你的脚步声会变得跟其他人的不一样。其他人的脚步声会让我迅速躲到地底下，你的脚步声则会像音乐一样，把我召唤出洞穴。"每次读到这里，就会有深深的伤感。请你驯养我吧，小狐狸对小王子说。在明知小王子爱玫瑰花的情况下还让小王子去驯养她，这个童话故事美好又忧伤。然而正是小狐狸教会了小王子，这种名为驯养实为责任的情感。还记得那句话吗，"人们已经忘记了这个道理"，狐狸说，"可是，你不应该忘记它。你现在要对你驯服过的一切负责到底。你要对你的玫瑰负责……"

《小王子》，（法）安东尼·德·圣埃克苏佩里著，胡雨苏译，中国友谊出版公司

　　小王子在他来到地球一周年的那一天离开了，他也许死掉了，也许回到了 B612 星球，也许绵羊把玫瑰花吃掉了，也许他早已长成了威武的国王。这一切我们都无从得知，只是那只可怜的狐狸在麦田变成金黄色的时候永远怀念有一头金黄色头发的小王子，在抬头看见五亿颗星星时都会感到幸福，仿佛五亿颗星星开满了花。

　　小王子那么小，那么可爱，说的话却像圣人。他说："你像大人一样讲话，你不分皂白，你混淆是非。""他们就这副德行，我们无须责怪他们，小孩子对大人们应该宽宏大量才对。"

　　对比起来，现在的孩子大致可以划分为两类。一类是装作成熟冷静，而无半点青年人的模样，为懂得一点点所谓的社会规矩洋洋得意。追着成人的步子走，迈不开自己的脚步。却不知道，我们做成人会很多年，会老很多年，但我们还能做多久的孩子呢？

　　而另外一类孩子则认为，我们长大了，就嘲笑童话的幼稚，似乎忘记了，从前自己也是一个孩子。就像童话中所说的那样，大人们丧失对美的领悟，他们只对数字感兴趣，假如你对他们提起一栋房子，你说，它是多么美丽，屋前的花园有多迷人，你有多喜欢它，大人们会打断你，它有多高啊，面积多大啊，他们只能听懂这些。因此，这些孩子觉得自己有足够的理由来拒绝成长。

人最难做的事情，大概是尽心尽力不去变成自己心中讨厌的模样，此刻我们不愿成长，变成大人，但是我们不是童话里的彼得·潘，永远长不大，也不是神话里的小哪吒，两千年后仍然还是小孩模样。那么我们会不会立刻变成甘于平庸、毫无追求、粗俗不堪的市侩之徒？或者满嘴闲言碎语、小肚鸡肠、庸俗拜金的人？会不会继续一代人对另一代人的压制与囚困？这些，都只有我们自己可以回答。

郭敬明也曾一度拒绝成长，然而如今这位连登富豪榜的成功商人早已绝口不提他曾经的梦想；唱过我"我不想，不想，不想长大"的S.H.E，Selina和Ella也都先后嫁作他人妻。做一个快快乐乐疯疯癫癫的老顽童或者少年老成、早谙世事的小老头都是违背了自然规律。在听见小王子那些可爱而忧伤的话时，非常不愿意长大，不想去接触不干净的社会，害怕成长带来的变化会让人太失望。然而放下书，我们还是得冷静思考，真的可以不长大吗？"你们应当负我的轭，学我的样式。"这是《圣经·马太福音》中的话。大意是说，我们应该学习大人，渐渐担起自己应当承担的责任。"爸爸的花儿落了，我也不再是小孩子。"也许我们没有林海音的苦，却一起年纪渐长，也都得接受长大的事实。大人比小孩心智更成熟，方能承受打击，接受重任，这就是成长的作用。我们必须尽各自的责任，为自己，为家人。

郭敬明曾写过一段关于小王子的话，青春高扬着旗帜猎猎捕风，原来你早就长大，变成头戴王冠的国王，而我却茫然不知地以为你依然是面容苍白的小王子。他们说只要世上真的有小王子出现，那么就总会有那只一直在等爱的小狐狸。S.H.E 也曾唱过《612 星球》，我但愿有一个人在等我，在属于我的 612 星球，好让我忍着痛也愿意往下走，不快乐至少要有梦。一定会有一个人在等我，无条件拥抱我的所有，相遇前我还要翻越多少山丘，花别谢太快，请你等等我。

《小王子》，（法）安东尼·德·圣埃克苏佩里著，艾柯译，天津教育出版社

　　著名学者熊培云说，他读《小王子》最初的感动是，你须寻你所爱，并且为之守望，至今未息。而我，我的感受就是，我们不能加速成长，更无须拒绝长大。为了必须承担的责任，长大是必经之路和必受之苦。张晓风不也说了吗，负轭犁田的，岂止是牛呢？我们也得各自负起轭来，低着头，慢慢走一段艰辛悠长的路。

　　再见吧，亲爱的小王子，你曾是我在漆黑海面上望见的燃烧的灯塔，而现在我再也不寻找星空里的玫瑰，因为我们总要长大，所有的任性都是暂时，好像玫瑰都会凋谢。

薛长虹

【作者小传】

薛长虹，女，1957 年生于吉林省长春市，副教授，现为西南交通大学数学学院教师。担任过四川省全国大学生数学建模竞赛论文评委，中国数学学会会员，中国气象学会会员，四川省数学学会高等数学专业委员会常务委员，全国研究生数学建模竞赛论文评委。曾经获得成都市"高校优秀教师"、四川省"十佳优秀青年教师"、成都市"先进女职工工作者"、"大学生数学建模竞赛四川赛区优秀组织工作者"等称号，并获得四川省优秀教学成果二等奖 1 项。

编写大学教材多部，发表科研及教改文章 10 余篇。

阅读让人开拓眼界，阅读让人充实聪慧，阅读让人感受世界的美好。诺贝尔物理学奖获得者崔琦说："只有学习的一生，才是唯一意义深远的一生。"浩瀚的知识海洋给人们带来智慧和力量，给有梦的志士带来深一层的感悟和信念。游在书海，心随字走，感受着畅快，体味着惊喜，吸吮着精华，聆听着智者的教诲，歆享着平静和安宁……

哈佛大学教授威廉·詹姆斯说："20 世纪最伟大的发现就是人们可以通过改变自己心灵的方式改变人生。"阅读吧，在探索和求知的道路上永远不要停下自己的脚步。

回味智者历程　寻求生活真谛

寒假里，常坐在家中二楼的阳台上，时而透过大玻璃窗望着对面湖面上飞翔的白鹭，浮想联翩，时而倒上一杯咖啡，细细品读着手中威廉·邓纳姆著的《天才引导的历程：数学中的伟大定理》。

人们崇拜名著、名画、名曲……其犹如一盏盏明灯，照亮了人类文明之旅。而数学名家的工作同样闪耀着光辉，带人类步出黑暗，走向进步与光明，但确未必为大众所知。

对于数学不是所有人都懂得欣赏它的美，可是在历史的长

《天才引导的历程：数学中的伟大定理》，（美）威廉·邓纳姆著，李繁荣、李莉萍译，机械工业出版社

河中却有许多追寻、探索数学真理，为其奉献一生的人。伯特兰·罗素在自传中讲述其在青年时的危机："有一条小路，穿过田野，通向新南盖特，我经常独自一人到那里去观看落日，并想到自杀。然而，我终于不曾自杀，因为我想更多地了解数学。"

我于是很想知道，数学的魅力对那些终成为数学大师们的影响是怎样的。我从事大学数学教学已有三十多年，教授过的学生近万，有很多聪慧的对数学知识充满好奇探索精神的成绩优异的学生，有抱着 60 分万岁拿到学分算赢的学生，也有对数学完全不感兴趣一次次补考不过的学生。我不断反省着自己，作为数学老师是我没有让学生看到、发现、体会到数学的美吗？常有学生问：老师我们学习微积分有什么用啊，数学好枯燥啊，我的专业不需要计算小行星运行的轨道，不需要结算经济收益，不需要确定几何结构的稳定性……为什么要学数学啊？对于这种以功利为目的的思维方式，我有些语塞，到底应该怎样去引导学生呢？噢！读书吧，读读这《天才引导的历程：数学中的伟大定理》。

我们多么幸运啊，一踏入这个世界就有先辈们用心血和智慧铸就的光明、平坦的知识大道，只要脚踏实地肯努力，就可以奔向科技的前沿。然而，这条光明的大道有多少人了解是怎样铸成的呢？

在公元前 2000 多年，古埃及建筑师手上没有现成的建筑手册，没有成熟的计量方法，但却能将金字塔、庙宇或其他建筑的拐角处建成标准的直角。他们的方法是：把 12 段同样长的绳子相互连接成环状，将其中 5 段拉成直线，两端 B 点和 C 点固定，另外的 7 段分为 4 段与 3 段，将分界点 A 向外拉紧，于是就形成了直角 BAC。建筑师将其构形做成样板应用于建造工程，就将建筑的拐角处建成了标准的直角。这已蕴含了数学中直角三角形的勾股关系：$3^2+4^2=5^2$。而相应关系我们现在十一、二岁时就能在数学课本上学到。

公元前 600 年，在小亚细亚西海岸的小镇米利都，生活着一位从未结过婚，但却被公认为"数学之父"的泰勒斯。他是第一个在"知其然"的同时提出"知其所以然"的学者，开创了论证数学。泰勒斯证明了下列几何性质：① 对顶角相等。② 三角形的内角和等于两个直角之和。③ 等腰三角形的两个底角相等。④ 半圆上的圆周角是直角。哦，在公元两千多年后，我们在中学学过这些命题，是否会论证呢？

《天才引导的历程：数学中的伟大定理》，（美）威廉·邓纳姆著，苗锋译，中国对外翻译出版公司

对于数的认识，大约公元前 572 年出生的希腊数学家毕达哥拉斯认为，"整数"是宇宙的要素，不论是在音乐、天文学还是哲学中，"数"的中心地位是随处可见的。对于两条线段 AB 和 CD，存在一条可均匀分割 AB 和 CD 的小线段 EF，将线段 AB 分割成 p 段，将线段 CD 分割成 q 段，称这两条线段是可公度的。因而两段线段长度比为 $\dfrac{p}{q}$，这是两个整数的比。我们说，可公度线段的长度比是"有理"数。毕达哥拉斯学派认为：任意两个量都是可公度的，并利用这一观点证明相似三角形。但是毕达哥拉斯的弟子希帕萨斯却发现正方形的边长与其对角线长不可公度，因为不论划分多小，都没有一个 EF 量能均匀地分割正方形的边长和对角线。这一发现粉碎了毕达哥拉斯那些建立在所有线段都可公度的假设基础之上的证明。几乎 200 年之后，数学家们才设法在不基

于可公度概念的基础上修补了相似三角形理论。根据勾股定理，当正方形边长为 1 时，其对角线长度为 $\sqrt{2}$，由于边长与对角线长不可公度，所以 $\sqrt{2}$ 不能写成 $\dfrac{p}{q}$ 形式的有理数，就数字而言，$\sqrt{2}$ 是"无理的"，其算术性质非常神秘。无理数的发现引起了当时学术领域的混乱，据说毕达哥拉斯的信徒把发现者希帕萨斯沉入了大海。

读着这些历史，感叹现在我们学习的完美的数学理论，不仅闪烁着大师们的智慧光芒，也包含着多少破陈规立新念的先行者们生命的代价。

一个人一生中追求的东西真是千差万别，现代社会中追求生活富足、出名得利者比比皆是。而书中介绍的大师们一生追求的是发现和真理。

书中的第四章中介绍的大师阿基米德，在其辉煌的数学生涯中，为人类文明作出了无数的贡献。他曾发明"阿基米德螺旋水车"，这种装置可以用来把水从低处提到高处，而且这一发明直至今日仍在使用。

阿基米德既可以脚踏实地地研究实际问题，又能够在最抽象、最微妙的领域中探索。他能够在一段时间内非常专注地研究任何问题，而常常忽略日常的生活问题，"……忘记了吃饭，甚至忘记了他自己的存在，有时，人们强制他洗浴，他都浑然不知，他会在火烧过的灰烬中，甚至在身上涂的油膏中寻找几何图形，完全进入了一种忘我的境界，更确切些说，他已如醉如痴地沉浸在对科学的热爱之中。"这一段文字描绘了这位数学家心无旁骛的形象。这种"心无旁骛"的故事还有著名的国王王冠的故事。国王怀疑金匠用一些合金偷换了他王冠上的黄金，就请阿基米德来测定王冠的真正含金量。阿基米德一直解不开这道难题，有一天他在一次洗浴中，忽然想到了答案。他兴奋地从浴盆里跳出来，跑到大街上，边跑边欢呼："我找到啦！我找到啦！"他完全沉浸在他的新发现中，竟然忘记了还没穿衣服。

阿基米德发现了流体静力学的基本原理，还发展了光学，创立了机械学，他不仅发明了水泵，还发现了杠杆、滑轮和复式滑轮工作原理。当时多疑的国王怀疑这些简单机械装置的能力，就请阿基米德实际操作一下。阿基米德以一种戏剧般的方式满足了国王的要求，他选择了国王一艘最大的船只，船上还装满了货物。阿基米德坐得远远的，手里只握住滑轮的一端，不慌不忙地慢慢拉动绳索，船就平平稳稳地向前滑动，就像在大海里航行一样。他还利用杠杆的原理，帮助国王设计了抵御罗马人的杀伤力很强的武器。

尽管阿基米德发明了许多利器和工具，但他真正喜爱的还是纯数学。与他发现的美妙定理相比，他的杠杆、滑轮、石弩等都不过是雕虫小技。数学是阿基米德的最大遗产。

公元前约 225 年，阿基米德发表了《圆的测定》。他巧妙地用"双重归谬法"证明了命题：任何圆的面积都等于这样一个直角三角形的面积，该直角三角形的一条直角边等于圆的半径，另一条直角边等于圆的周长。阿基米德还在名作《论球和圆柱》中以其近乎超人的智慧，确定了球体及有关几何体的体积和表面积。

阿基米德的发现数量众多。人们常常佩服那些走在时代前面的人，这一般是说，一个人超越世上其他人十年或二十年。但是阿基米德对数学的贡献，其辉煌却是千百年无人能比。

π=3.141 592 6…，这在我们读小学时就知道了，可它是怎样被人们认知的呢？在阿基米德之前，人们对π的估算可以从《圣经》中关于圆"海"（即一个盛水的大容器）的引文推断出来："……铜海，径十肘、围三十肘"，$\pi = \dfrac{C}{D} = \dfrac{30}{10} = 3$；古埃及人对π是用 $\left(\dfrac{4}{3}\right)^4 = \dfrac{256}{81} = 3.160\ 493\ 8\cdots$ 来计算；约公元150年，亚历山大著名的天文学家和数学家庞迪厄斯·托勒密作了内接圆的正360边形，推出 $\pi = \dfrac{C}{D} = \dfrac{360边形的长}{圆的直径} = 3.141\ 6$；中国的祖冲之于约公元480年计算出π的近似值 $\pi \approx \dfrac{355}{113} = 3.141\ 592\ 92\cdots$；印度数学家婆什迦罗于公元1150年计算出 $\pi \approx \dfrac{3\ 927}{1\ 250} = 3.141\ 6$；16世纪末，现代十进制问世，精确π值的速度大大加快，法国天才数学家韦达用393、216正多边形推算出精确到9位小数的π值；17世纪德国数学家卢道尔夫·冯瑟伦用了几年时间钻研这个问题，最终算到2^{62}实在是太慢了，计算到150项才精确到小数点后1位，据估计要利用这一级数得到精确到100位小数的π，需要计算10^{17}多项！于是这种算法的实用价值堪忧。但是，无穷级数的计算很快有了新的进展，产生了计算速度快的收敛级数。利用这种算法，1699年夏普算出了精确到71位小数的π的近似值，而7年后梅钦又计算出100位小数的π值；1873年，英国人威廉·谢克斯计算出707位小数的π值，成为此后74年的标准。但是，在74年后英国人D.F.弗格森却发现谢克斯在其计算的第527位小数之后出现了错误。弗格森善意地纠正了这些错误，并得到了710位小数的π值。能够对一个带有707位小数的数字进行验算，这对于我们来说简直难以想象。而且，更令人难以置信的是，在验证了 100 位、200 位甚至 500 位小数都没发现有错误的时候竟然还能坚持验算下去！弗格森的毅力太惊人了。

随着计算机的发展，目前用计算机将 π 的值计算到几亿位都不是问题了，然而计算机的程序是由人编制出来的，我们不会忘记这一数学历程最初是由阿基米德的一篇题为《圆的测定》的文章引发的，那可是公元前约 225 年的大师杰作啊！

……

每每夕阳西下，掩卷望去，那无忧无虑的白鹭依旧在天空翱翔，我越发崇敬人类的智慧，崇敬千百年来一代一代的智者创建出的这个科技世界。鸟儿啊，你可能听到千里之外的同类共鸣？你可能看到云朵上面的风景？我们人类做到了！我们这一代该坐享其成而不再探索、不再创造吗？我们该满足对知识的一知半解而只追求享乐吗？值得深思！深思！

郭　权

【作者小传】

　　郭权，男，汉族，1993 年生于山西永济，崇尚一分耕耘，一分收获，爱好戏剧、书、电影，现就读于西南交通大学外国语学院 2011 级翻译专业（本科）。

　　热爱电影、话剧以及阅读等一系列看似伪装文艺实则提高心灵的艺术。身宽体胖，经常困苦于自己的相貌身材，便在书籍中寻求精神粮食，以便得到心灵安慰。非常庆幸在成长岁月中有读书这一爱好，一书一世界，繁复多变的世情百态，恩怨纠葛的人物关系，旖旎炫目的风土人情，天马行空的怪力乱神，这所有的一切，你在温暖的书桌旁就都可以体验。生命的长度无法决定，但生命的广度可以改变。愿以书为挚友，在其陪伴下领略更加精彩的世界，走过更加宽广的人生。

《美的历程》

—— 一段清新俊逸的风神旅程

　　早在高中时期就已听过泽厚先生的大名，却一直未曾拜读过他的作品。大一的暑假，当时的自己凭着一股心劲，铆足了劲把《美的历程》啃完了。说是啃，一点不为过，因为当时读来晦涩无味，当真是嚼蜡般硬着头皮在啃这本书。时隔2年，回头再看，却觉得，文采飞扬，言辞精确，规模宏大。从混沌未开，茹毛饮血的原始社会，到穷途末路、回光返照的"康乾盛世"，从贯通古今的飘逸线法，疏意俊朗的山水意境，到狞厉呼啸的青铜饕餮，这部皇皇巨著带领我完成了一次从古到今的美的历程。

《美的历程》，李泽厚著，生活·读书·新知三联书店

　　面对这样一本书，阅读量极小的自己只能用仰望的姿势来拜读，从未对其有任何批判与挑刺的想法，这种行为无异于班门弄斧。《美的历程》，可以将其视为美学入门读物来看，因为书中对中国每一时期的美学特点都做了高度凝练的概括；可以将其视为

编年体的历史著作，因为其中对美学的阐述之外，还对那个时代的人文思想与社会风潮做了详尽的描述；亦可将其视为一部文学作品来读，作者文采飞扬，字字珠玑，在行云流水般的行文间向读者展现了中国文字的优美与凝练。书中自有黄金屋，在这部好书中读者尽可拾取自己喜欢的"珍宝"。

美并不单独存在，它是依托于人的意识发展、时代变革、经济发展、政体变动等等许多因素，美的历程更多的就是整个中国人的想法与实践的发展历程。

正如全书的开头语所说，美的历程的整个故事要从哪里开始？要从遥远得记不清岁月的时代开始。我冒昧将这个时期称之为"美的混沌时期"，遥远的远古时期，人经过进化之后大脑发达了，但是独立的意识还未形成，只懂得怎样去生存，按照马斯洛的需求理论，这个时期就是满足最基础需求的时期——满足生存需要。人们群居而生，对大自然基本一无所知，天灾面前，人类只有敬畏，敬畏神明催生出了巫术礼仪，最早的艺术便从中而生。带有宗教神秘色彩的巫术仪礼以其独特的形式孕育了早期的歌与舞，人们围聚在一起，相互应和，手舞足蹈，期盼仁慈的上天可以给予自己一个生存的机会。人们的智慧赋予他们制造器具的能力，出于对自然的崇拜与敬畏，他们有了自己的动物图腾，并在器具上涂刻下动物图案。随着时间流逝，人们逐渐有了自己的意识，对于器具与周遭并不满意，有了出于本性的美的追求，他们将图案雕刻得更加精美与赏心悦目，而氏族部落的出现让人们的生活节奏变得更快，动物图案渐渐演变成为更加美观，更易雕画的几何纹路。氏族部落之间的战争与合并，让他们的图腾不断变换与添改，直至最强大的炎黄部落出现后，动物图腾最终变为各个图腾的合体——龙。

"美的混沌时期"中的美更多的是自然而然，发自于人的内心的美。原意识的美没有精巧与装饰，更多的是那个时期人的内心与那个时代的印记，美的载体们更多充当的是历史资料的作用，但它们却是整个中华美的基础。

接下来进入的时期，我则笼统地将其概括为"美的形成时期"。从夏，商，周直到春秋战国时期。朝代的出现意味着人们的自我意识更加成熟，对于血缘氏族的概念更为明确，社会不再是一片混沌，有了阶级的区分。神秘的巫术礼仪不再仅仅是敬畏自然的存在，更多的是作为统治思想、稳定社会的工具。信息量的增大也使得早期的图画不再满足人们的日常记事，对于几何线条的迷恋和对图案的继承，催生出了早期的文字——甲骨文。在这时候，美并未停下它的脚步，作为暴力社会的遗留产物，饕餮（也是传说中龙的儿子）作为一种恐怖的象征从巫术中脱离出来，成为了图腾象征，也成为了美的载体，它作为最为常见的图像出现在了青铜器上，更加复杂的图案与更加繁复的线条，让整

《美的历程》，李泽厚著，天津社会科学院出版社

个青铜器的艺术感有了一个飞跃，而青铜器的出现也为文字的记载提供了场地，金文随即而生，书法这一混沌的概念也在人们的脑海中形成。人们对于美的更高的追求使得青铜器的形状与雕刻艺术也有了"滥觞期""勃古期""开放期""新时期"四个时期。

时间未曾停止，青铜器也在春秋战国百家争鸣的思想激变中完成了历史使命。之所以将春秋战国归为形成时期就是因为这一时期形成了贯穿整个中国古代社会的总思潮——理性主义，中国思想的基本线索——儒道互补。春秋战国是转折时期，思想如是，美亦如是。之前的美更多的是人们的原意识或是简单粗暴的目的诉求过程中非主动形成的，在春秋战国时期之后，美变成了人们的意识行为，有意而为之的一项活动，变成了真正的"有意味的形式"。人们有了意识，所以将早期出现的汉字优美地排列起来，成了文章，有了《诗经》，有了"赋比兴"；人们有了意识，将从远古时期就钟爱的几何线条运用到自己所居住的房屋中，形成了再也未曾变过的中国建筑形式——平面展开的复杂结构。人们有了意识，才可以将自己的所思所想凝冻在文学、书画、建筑等等各种艺术形式中，不断传承下去。

"美的形成时期"承上启下，在美的历程中起到了至关重要的作用。它构建了之后美的大框架，为之后的发展铺设了大神经，就像是人体中的"任""督"二脉，其他的脉络只是在其左右蔓延，根却在其间。

从接下来的秦汉，魏晋，南北朝，唐宋到元明清，都是我心中的"美的变革时期"。在理性主义和儒道互补的基本指引下，随着时间的推移和朝代的更替，美的发展经历着不同的变革。战国时期《离骚》的浪漫主义，秦汉时期的大气磅礴的古拙风格，魏晋时期的人生探索，玄虚学派以及艺术至上的风潮，南北朝时期的逃避现实，追求轮回的佛陀难音，盛唐时期的狂妄奔放的青春李白，中唐时期的韵外之音，宋元时期的"有我""无我"之境，明清时期的现实市民文艺，都在两条大线之中来回摇摆，各显风骚。绘画、书法、雕刻、工艺、文学，多样的艺术形式展现着不同时代的社会风神，存放着千万才子佳人的惊世杰作，也映照着每一段时期人们心中的究极思考。在此不想再去一一概括展示每个朝代的突出美卷，泽厚先生在书中已经有了充分的描述，只有不断地感慨与留恋。

在细细咀嚼中，中国美的历程与西方艺术发展历程有很多不谋而合的地方，魏晋时期的"为艺术而艺术"的思潮与王尔德的美学运动思想不谋而合，唐宋时期的"文章合为时而作"，与维多利亚时期的文学有维护现实秩序的作用也异曲同工。艺术无国界，艺术可以跨越时间与空间，为全人类所共有。到了这里才会明白各国的艺术家在语言不通情况依旧交流无碍，艺术给予了他们了特殊的能力，在艺术面前，我们的名字都叫做人。

在读书过程中，令我十分动容的另一点就是泽厚先生的博闻广识和严谨的治学态度，旁征博引，纵览古今，贯通中西。每一处引用都细细标注，甚至自己从别人书中引用的观点也会一一说明。前辈们精神如此，吾辈当愧怍。

匆匆浏览泽厚先生大作，在此狂妄地大放厥词，实属不当，但只是作为自己年少的一个读书笔记，就当是对现在的一个巡礼。就像书中所说的"美的历程却是指向未来的"。我想，自己的目光也应该指向未来。

梁靖坤

【作者小传】

梁靖坤，男，汉族，1995 年生于四川成都，爱好看书，现就读于西南交通大学茅以升学院 2013 级（本科）。

曹刿曾语："肉食者鄙，未能远谋也。"吾徒乃从工进学之辈，天赐锱铢必较无变通之心，且毫无创世之志可言，实为肉食者也。今日偶窥己于镜中，突发有感，乃记之。吾辈实不善挥毫而书，望谅。吾梦之吾且隐世于山林，以花鱼鸟兽为目，以丝竹管弦为听，以茗思当世，以棋晓未来。然吾徒晓管弦之法而不通高山流水之音，能棋然无才以观阴阳相生之道，孰为皮毛也。而吾谨记："尽吾志也，而不能至者，可以无悔矣，其孰能讥之乎？"吾曾为吾之梦而进，欲桂宫折冠，雁塔题名，尔后得一职，先天下之忧而忧，后天下之乐而乐。然时运不齐，命运多舛，梦似渺茫。然吾深信：尽人事，听天命。吾非好逸恶劳之辈，徒为一寻梦者也。

于吾心中而感的史诗

——《奥德赛》读书笔记

一、于吾心中英雄的呼唤

珀罗涅珀：君住长江头，我住长江尾，夜夜思君不见君，共饮长江水。

日复一日，我坐在阁楼上，在一片醉酒的欢愉上眺望，眺望与天相接的海上。我满心希望，在日落之前，这平静的海面上会出现你的面庞。今天，直到夜幕划破了夕阳，依旧只有我一人在无人处心伤。

楼下的追慕之徒已然离去，大厅又一次一片狼藉。夜晚，聒噪的虫儿唱起了歌，是欢唱还是哀鸣？稀拉的星星悄悄挂上枝头，阿尔忒尼斯将她

《奥德赛》，休宁译，外语教学与研究出版社

的光辉洒向大地。我仍在眺望，家家户户早已将烛火熄去。此时，已不见海平面的风景。

我依然在窗口徘徊，向众神诉说我的祈愿：愿吾夫奥德修斯得以凯旋，返回他的王国——伊萨卡。如今，窥伺他王位之徒聚

集在吾之庭院，向吾示好，向吾折腰。他们时常将诡言放在嘴边：
"奥德修斯激怒众神，早已吞噬于制裁的海浪间，犀利的雷电下。"

　　可我依然满怀希冀，每个早上，吾仍然精心梳妆，独立于阁楼之上，聆听波涛间的是否有凯旋的歌唱，遥望海面的彼方是否有那熟悉的急进的船舶、坚毅的面庞。我依旧记得：当年你出征之前，意气风发，信誓旦旦地告诉我："无论路途如何艰苦，不管战争多么残酷，我一定得胜而归，与你，与爱子共度这余生。"时至今日，远去的背影还是如此清晰，你雄健的话语仍萦绕在我耳旁，在我心间。这使我有勇气相信我的丈夫，相信他，不论何故，不论何去何从。

　　而今，已不知是何年。

　　梳洗罢，独倚望江楼。

　　过境千帆皆不是，

　　斜晖脉脉水悠悠。

　　肠断白蘋洲。

　　奥德修斯：是等待的人痛苦呢，还是被等待的人更痛苦呢？

　　年复一年，我独坐在孤岛的海岸边，在静静拍打的海浪前彷徨，彷徨于茫茫无际的海上。我时刻盼望，迎着第二天的夕阳，我与我的同胞会回到我们那久违的故乡。又是一天过去，变化的是眼前的潮落潮起，不变的是胸中归乡之情吧。

　　强行扣留我的女神已催促我回去，周遭也早就昏暗不已。躺下，即便美丽的女神在我耳旁甜言蜜语，也无法平复我哀伤的心情。即使已是数年，天花板依然陌生地看着我，窃窃私语：这床榻上的男人来自哪里？毫无留恋地闭上双眼，神啊，请您快快让

224

我进入梦乡，在梦里我能回到我的故乡，我能看见我已有些衰老的妻子，我能抱起当时尚在襁褓的儿子——忒勒马科斯。也许，当我从梦中苏醒，我会睡在伊萨卡的床上，好好数数妻子的白发……

《奥德赛》，王焕生译，人民文学出版社

在梦里，我看见我的妻子——珀罗涅珀，静静地坐在阁楼之上，依旧那美丽的梳妆，向特洛伊的方向眺望。哦，我亲爱的妻子，是谁让你动人的双眼里噙着泪水？那在你身旁俊俏的男子难道是早已成人的爱子？哦，我的妻儿，虽然战争早已结束，我却无法立即回到你们的身边。也许，有些早已归国的将士会告诉你我可能生还渺茫。但请相信我临行前的誓言：无论战争如何艰难，无论周遭有多少荆棘，不管世间如何沧海桑田，我在此起誓：定会回到你与爱子的身边。

诚然，战争中立下赫赫战功，我定被世人尊为勇武的英雄。但抛弃了你与爱子的我又有何颜面去夸耀那苍白的过往？珀罗涅珀，请坚信我的誓言，在家中等待我的凯旋。纵然等待是痛苦的，可是又有谁能理解被等待人的心中又是何其钻心？也许眼前的一切确乎是在梦里，我只想乞求神明同意用我一世的伟名换来永世如这一帘幽梦般的安宁。

梦醒，今日，依旧是陌生的天花板；今日，依旧迎来陌生的海滩；今日，依旧不知还有多少今日，供我，供她，去等待？

假如我是一只鸟，

我也应用嘶哑的喉咙歌唱：

这被暴风雨所打击着的土地，

这永远汹涌着我们的悲愤的河流，

这无止息地吹刮着的激怒的风，

和那来自林间的无比温柔的黎明……

——然后我死了，

连羽毛也腐烂在土地里面。

为什么我的眼里常含泪水？

因为我对这土地爱得深沉……

二、于吾心中而生的礼赞

纵然是吾等鄙陋之人，读完此书后也不住赞叹，甚极时便在心中产生前文对《奥德赛》故事前的遐想。即便粗陋，但正如前文所说："这正是我的梦。"

老实说，《奥德赛》并不是英雄的夫妻间爱情的诗篇。如果说《伊利亚特》是一篇宏伟的战争英雄传，各路英雄仿佛有着神的禀

《奥德修纪》，杨宪益译，上海译文出版社

性，去战斗，去牺牲。那《奥德赛》让英雄们走下神坛，回归了最初人的形象。实际上，《奥德赛》有两条情节线索，除开主线"奥德修斯返乡"，荷马对"忒勒马科斯寻父"也进行了较为详尽的描绘。两条线索平行发展，最后合二为一，统一到对求婚人的斗争中，以父子合力杀死求婚人、全家团圆为终结。其中，正是英雄们

坚毅的决心与不时显露的柔情令人俯伏称绝。

人类是群居的生物，有一颗害怕被孤立的心。于是，实际上打败人类的是人类自己畏惧孤独而产生的心灵的踌躇。而英雄正是不被自己的心所打倒的。当奥德修斯在归乡的途中，即便是宙斯与波塞冬的阻挠，可巨浪何尝又浇灭过胸中的急躁。我想，若是我所乘之船被闪电劈得粉碎，抑或魂牵梦萦之处近在眼前却又再次远在天边，我定会放下手中的那支桨，随浪涛漂往他乡。初读此书即此，我甚至轻轻地合上了书本不忍往下细读，只得闭上双眼为奥德修斯祈祷。可即便众人不解他为何如此固执地要回去，甚至被同伴抛弃时，他亦背负孤独踽踽前行。我祈祷之时，我渐渐明白：当他闭上双眼时，他会明白，他还有愿意付出生命去守护之物，他还有那值得他穷其一生所追寻的梦。我倏然记起：我亦有梦想，我梦想在他人心中上留下自己的脚印，尔后建一座小屋，面朝大海，春暖花开。

《奥德赛》，陈中梅译，译林出版社

是的，当我们瞧见有人在为自己的梦去飞翔，我们又怎会不记起自己心中那早已淡去的梦，就算飞翔之人如伊卡洛斯样悲壮。英雄的诞生会在我们心里铺上浅浅的泥土，轻轻地裹住我们梦的种子，也许在某个夜晚，那种子发出的新芽会从土中探出脑袋，期待在阳光中绽放。这并非是幻象，我生在现实里，却又活在了梦中，我看见我的梦在悬崖的那头向我招手。虽然中间是那万丈深渊，但我想去飞翔，我要去飞翔！而如若所有人都活在了这梦中，站在悬崖的尽头，振起了翅膀。现实中，我们素不相识，在梦中，我们彼此交织各自的梦。渐渐地，小小的希冀编织出了何其美丽的梦，梦渐渐地成长，冲出了心里，在现实的土地上发芽、成长、壮大。

赵彦灵

【作者小传】

赵彦灵，男，汉族，1965 年生于山东肥城，工学博士，教授，现任西南交通大学校长办公室主任。

主要研究方向为计算机应用、系统集成、电力系统及其自动化等。主持科研项目 15 项。其中，国家"十五"重大科技攻关项目 2 项。发表学术论文 20 余篇，出版专著 3 部。

获国家级优秀教学成果二等奖 1 项，四川省优秀教学成果一等奖 1 项，校级优秀教学成果奖一等奖 3 项、二等奖 1 项，四川省优秀电教科研成果一等奖 2 项；还获得教育部和全国高校现代远程教育协作组颁发的"中国网络教育贡献奖"。

再读《中国文化要义》

2013 年年底，西南交通大学推出 96 本经典阅读书目，覆盖文、理、工各个学科领域，含有经、史、文、哲等许多经典。书单甫一推出便引来各方关注，在读书风气日下的当今社会，如此大力推进阅读经典的活动，赢得的多是赞誉与掌声，只不过，也有个别不解的声音发出：理工科学生读这些文科的大部头有用吗？

在理工科出身的我看来，这样的阅读不仅有用，而且大大有用，终身受用！

小时在农村，居于偏远山区，家境贫寒，让我没有太多机会选择，渴求一书，极为艰难。及至从泰山脚下千里迢迢到黄河上游的兰州大学求学，再入川继续读研，我才有条件更多地阅读一些经典书籍。久旱逢甘露，如饥似渴地读书的感觉，更像一块干涩的海绵被投入大海，拼命吸收每一滴水分。经典阅读书目里的 96 本书，好些都在这个时期囫囵吞枣地读过，由此而形成的读与思的

《中国文化要义》，梁漱溟著，学林出版社

习惯，乐于其中，影响至今。尤其是一些名家之作，补拙求上，附庸风雅，亦有志趣，使我拓宽了看待问题的视角，培养出些微人文情怀，更回答了我求学成长过程中一些人生烦闷不解的问题。许多好书，是可以一读再读的，比如，梁漱溟先生的《中国文化要义》。

梁漱溟是我国著名的思想家、哲学家、教育家、社会活动家，也是新儒家学派的代表人物之一，有着"中国最后一位儒家"之称。他一生的经历颇具传奇色彩：六岁启蒙之初，尚不能自己穿裤子；读了四所小学，学的是 ABCD；只有中学毕业文凭，却被蔡元培请到最高学府北京大学做教授；在城市山生长大，却长期从事乡村建设，而且就在我的家乡山东进行试验；性格刚直不阿，常常直言不讳的他，与毛泽东交往甚厚，曾经两赴延安，每次都与毛泽东彻夜畅谈。

上大学时初读此书，是因为梁先生的名气，也是被他一个传说中的小故事吸引。据说，在新文化运动期间，北京大学校长蔡元培与几位教授要到欧洲访问，教职员们为此开欢送会。会上，大家纷纷表达祝福，希望蔡先生和诸位教授能将中国文化带到欧洲去，回来时也能将西方文化带些回来。梁漱溟当时在场，觉得众人的话语中总有些"不求甚解"的成分，于是站起来说道，既然大家希望将中国文化带到欧洲去，又将欧洲文化带回来，那么请问各位，究竟什么是文化，什么又是中国文化和西方文化呢？一瞬间，满屋子的人全都静了下来，没有一个能够回答梁先生的问题。会后，胡适拍着梁漱溟的肩说，屋里太热，大家都不好用脑筋。玩笑之余，却能看出人人都在大谈文化问题，但究竟什么是文化，尤其什么是中国文化和西方文化，并不是那么容易搞得清楚的。而梁先生终其一生，都在探究这个问题，《中国文化要义》就是他对这一问题的回答。

在八十年代，刚刚重新对外开放期间，这样的传奇人物与他的故事，对于一个初次面对中外文化交流碰撞的理工科大学生，是新鲜而有吸引力的。于是试着去读《中国文化要义》，循着梁先生的思考轨迹，我开始去理解"中国问题盖从百年世界之大交通，西洋人的势力和西洋文化蔓延到东方来，乃发生的。要认识中国问题，即必得明白中国社会在近百年所引起之变化及其内外形势。""何谓中国文化？……从本到末，从表到里，正必有一种意义或精神在。假如有的话，是不是可以指点出来，使大家洞然了悟其如是如是之故，而跃然有一生动的意义或精神，映于心目间？——本书《中国文化要义》就想试为进行这一工作。"

开篇绪论第一句，梁先生即给出定义："文化，就是吾人生活所依靠之一切。"接着，旁征博引，采纳众家之后，他给出了中国文化个性殊强的七个特征：独自创发、差异大、连续传承、包容吸收、绵延最久、文化成熟、影响远大。然后他又给出了中国文化的十四个特征：（一）广土众民；（二）民族同化融合；（三）历史长久；（四）力量伟大；（五）社会历久不变，文化停滞不前；（六）人生几乎没有宗教；（七）家庭地位重要；（八）中国学术不向着科学前进；（九）民主、自由、平等不见提出，法制不见形成；（十）重道德而轻法律；（十一）不属普通国家类型；（十二）无兵的文化；（十三）孝文化；（十四）隐士文化。

在梁先生的叙述中，他将民族品性的优点及劣点，综合为"自私自利、勤俭、爱讲礼貌、和平文弱、知足自得、守旧、马虎（模糊）、坚忍及残忍、韧性及弹性、圆熟老到"这十点。其实从清末西学东渐开始，至今一百余年间，似乎从来没有停止过对中国人民族特性的讨论，从鲁迅、林语堂，到后来的柏杨，甚至在当下，也没有停止过对于这个话题的讨论。那么，我们该如何去审视我们自身，如何理解中国文化？如何看待中西方的不同？

《中国文化要义》，梁漱溟著，上海人民出版社

在《中国文化要义》中，这种思考形成一个比较清晰的体系。梁先生从中国社会最基本的构成——家庭说起，他认为，以血缘为纽带的家庭，是组成中国的最基本因素，这也是中国不同于西方的特质，"中国人的家是极其特殊的"，反驳了冯友兰先生所认为的以家为本位是产业革命前各处的通例，"那一面是昧于本国文化，一面并且弄错了外国历史"。他指出，宗教实为中西方文化的分水岭，"中国古代社会与希腊罗马古代社会，彼此原都不相远的。但西洋继此而有之文化发展，则以宗教若基督教者作中心；中国却以非宗教的周孔教化作中心。此后两方社会构造演化不同，悉决于此。"西人过的是集团生活。在西方，基督教拥有至高地位，建立的教会体系，是超越以家为元素的社会团体，在潜移默化间灌输给人们公德："公共观念、纪律习惯、组织能力、法治精神。"这一点上，梁先生在遭遇西洋文化之后，

深切感觉到的"西人所长吾人所短"，痛感民族品性之大缺点，从徇情而缺乏法治精神，到缺乏做团体一分子的能力，再到多人聚集之处，没有习惯成自然的纪律，最后到于身家外漠不关心，国家观念之薄弱，甚至使外国人惊奇。

这些习惯，源自于中国人缺乏集团生活。家族生活、集团生活同为最早人群所固有，但后来"中国人家族生活偏胜，西方人集团生活偏胜，各走一路"。中国因周孔教化而进入了以伦理为本位的社会，而西方则因集团生活进入以个人为本位的社会。西方之路是从基督教而来，而中国在孔子之后，并没有排斥或批评宗教，只是转到以教化和启发人类的理性为重心，由此走上的，是以道德代宗教之路。梁先生在这里赞叹道："儒家没有什么教条给人；有之，便是教人反省自求一条而已。除了信赖人自己的理性，不再信赖其他。这是何等精神！人类便再进步一万年，怕亦不得超过罢！"道德代宗教的伟大之处，在于总是"化异为同，自分而合，末后化合出此伟大局面来，数千年趋势甚明"。西方却并不如此，所以才会有了中世纪欧洲基督教文化的一统天下，分化为近现代的各民族国家，比利时与荷兰分家，挪威芬兰与瑞典分家，爱尔兰分于英国，等等。我们中国则"合甚自然，分之则不安"。在书中，梁先生还举出一个小例子以佐证。众所周知，犹太人的民族个性最强，世界有名。在流亡世界各地时，不管在任何国家，多能保持其风俗不改，唯独来到中国，却被大大同化，明清两朝居然有应试做官之人，现在河南开封城内，俗称"青回回"的，就是他们。"中国几乎是一切原则的例外"。这种力量，就是强大深厚的中国文化，总能包容同化外来的宗教与一切，融成后来之广大中华民族。

在此之外，梁先生还提出了"理智"与"理性"，"必须摒除感情而后其认识乃锐入者，是之谓理智；其不欺好恶而判别自然明切者，是之谓理性。"理智其实就是科学之理，是静的知识，而理性，则是"情理"，是抽象的，动向的。文化明盛如古代中国，近代西洋者，都曾各把这种特长发挥到非常可观的地步，但不免各有所偏。"西洋偏长于理智而短于理性，中国偏长于理性而短于理智。"中国的理性，从古至今，更多的是对人本身的关注，以教化和启发人心为重，在人心不断的自我反省过程中，追求的是清明安和之心，即理性。在这样的无私人类情感的理性引导下，不同认知的民族相互融合、和平共处。中国如此广阔的国土，丰富的资源，融合的多民族、悠久的历史，这种稳定的社会秩序就是中国文化的伟大之处，也就是理性作用的结果。而西方世界则致力于运用理智向外发展到自然，努力改造自然，形成发达的科学技术。

究竟理智与理性孰优孰劣？在对中西方文化进一步比较的基础上，梁先生坚持将文化根源的不同，溯源到人生态度的不同，对应于人生不同的问题上来。西人对应的第一问题"即人对物的问题；第一态度即向外用力的态度。现在总说作：从身体出发"。国人对应的第二问题"即人对人的问题；第二态度即转而向内用力的态度。现在总说作：从心（理性）出发"。按照发展规律来说，人们总是为了生存与物质，而产生第一种向外用力、征服自然的文化，待到物质条件发展到一定程度时，才产生这种重视人与人之间关系的文化。因此，中国文化是优于西方，更高一个阶段的文化。

但是，中国文化在物质文明尚未发展到特定的程度时，便已开始重视人与人之间的关系问题，于是开启理性，文化"早熟"。但是，在面对西方文化的冲击，早熟的中国文化又将何去何从呢？

梁漱溟先生对于中国传统文化的态度是双重的，一方面他肯定"理性"的成功，其造就了博大精深、包容并蓄的中国文化。另一方面，早熟的中国文化又带有各种先天不足，"好比一个人的心理发育，本当与其身体发育相应，或即谓心理当随身体的发育而发育，亦无不可。但中国则仿佛一个聪明的孩子，身体发育未全，而智慧早开了。即由其智慧之早开，转而抑阻其身体的发育，复由其身体发育之不健全，而智慧遂亦不得发育圆满良好。"揭开文化"早熟"之谜后，他进一步指出，中国"由此遂无科学"。"理性早启，人生态度逐以大异于他方。……科学之不得成就出来在此。既不是中国人拙笨，亦不是文化进步迟慢，而是文化发展走另一路了。"因此，中国要解决问题的着手点，应该是大力学习和引进西方先进的科学与民主。中国文化要继续发展，必须植入西方的科学技术和民主制度，才能使经济与文化相互协调、相互促进、共同发展。

在《中国文化要义》的序言中，梁漱溟先生写道，这本书，"正是前书讲老中国社会的特征之放大，或加详。于此见出我不是'为学问而学问'的。我是感受中国问题之刺激，切志中国问题之解决，从而根追到其历史，其文化，不能不用番心，寻个明白。……不是书本上的知识，不是学究式的研究；而是从活问题和活材料，朝夕瘤寐以求之一点心得。其中有整个生命在，并非偏于头脑一面之活动；其中有整整四十年生活体验在，并不是一些空名词假概念。"

我想，这也是经典阅读的意义之一吧，跨越学科差别，在阅读过程中自我审视与反省，追求的是回答人生之根本问题。

　　值得惊喜的是，今年西南交大给新生发去的录取通知书，附上了这份阅读书目，这也是交大为青年学子们送上的一份厚重礼物。秋意渐浓，正是读书好时节，与各位读者共勉之。

陈少轩

【作者小传】

陈少轩，男，汉族，1997 年生于重庆，爱好篮球、吉他，现就读于西南交通大学土木工程学院 2014 级土木工程专业（本科）。

酷爱运动，也喜欢静静地思考，理智地规划人生，然后很狂热地把它变成现实。尽管会遇到很多困难，但从不言败，不言弃。读书可以让人平静，使人成熟。愿一直以书作伴，让人生的旅途不孤单。

疏光斜影，清泉涌动

——读《儒林外史》

吴敬梓的《儒林外史》的问世，如一柄利剑出鞘，光影纵横，深深刺在封建科举的心脏上。

这是一部"秉持公心，指摘时弊"的讽刺小说，作者用极大的篇幅塑造出一个个鲜活的人物，鲁迅评价其艺术风格"戚而能谐，婉而多讽"。这部古典讽刺小说，让我感受到了光和影的较量，看到了吴敬梓心中的理想天堂。

一、儒林斜影

这是一个巨大的名利场，牢牢地吸附着一群投机钻营的读书人，他们拼命追求功名富贵。小说开篇写道："功名富贵无凭据，费尽心情，总把流光误。浊酒三杯沉醉去，水流花谢何处？"这是老生常谈，却很少有人看破。

"进"，则通"进士"，取名便有了周进、范进。周进作为全书

《儒林外史》，吴敬梓著，张慧剑校注，人民文学出版社

第一个出场的重要人物，为范进中举埋下了伏笔。他一出场就已经六十多岁，却还一心想着科举高中，深受"万般皆下品，唯有读书高"的观念的毒害。他路过贡院时更是让他心觉酸楚，竟一头撞板，险些丢了他的性命。作者在讥讽其丑态的同时，也对人物寄予了深切的同情，这种性格的根源，是那虚伪的封建社会和科举制度对人的异化。周进的一生充满着戏剧性：从一个大半生穷愁潦倒的秀才到暮年春风得意的国子监司业。前半生窘迫、后半生富裕的周进，与后文出场的前半生坦荡、后半生堕落的匡超人形成了鲜明的对照，增强了讽刺效果，让人笑过之后又觉得悲凉。

"范"，则通"模子"。所以，范进这个名字的意思是想做进士的模范。初中就已学过《范进中举》这篇课文，当时觉着范进是一个被科举制度毒害的产物，现在重读《儒林外史》，觉得他更是一个热衷功名、迂腐无能、虚伪奸诈的蛀虫。家里都穷得揭不开锅了，却还在读死书考科举，作为一个男人，有什么比养活家人的责任更重要的呢？科举弱化了知识分子的生存能力，中举是他们唯一的生活目标，八股是他们唯一的生活技能，一旦被挡在科举之外，就觉得失去了整个世界，一旦进入了名利场，就如同得道成仙。于是乎就有了周进过贡院撞板寻死，范进中举喜极而疯。作者刻画这两个人，从中举前受人嘲弄、羞辱、践踏，到中举后世人阿谀奉承、唯唯诺诺，简直是冰火两重天，写尽了世态炎凉，人情冷暖。这巨大的反差正是士人争先恐后、至死不渝也要科考的原因。他们相信一旦跃过了"龙门"，跻身上流社会，就能摆脱这种受人鄙视与唾弃的身份。的确，考取功名得到的物质、精神，如同天上掉蜜罐，几个人能保持清醒，尽管周围没有几个是真情真意。景兰江对匡超人说："可知道赵爷虽不曾中进士，外边诗选上刻着他的诗十几处，行遍天下，那个不晓得有个赵雪斋先生？只怕比进士享名多着哩!"话虽这般讲，可景兰江这几个人假托无意功名，充当名士，自命清高，一心却想着名利双收。匡超人受到这些人的熏陶和潘三的诱导，他从一个天性孝悌、心地善良的少年质变成了一个人格沦丧、薄情寡义的吹牛家。作者通过一个农家子弟堕落的全过程，揭露了恶浊势利的社

《古本小说集成：儒林外史》，《古本小说集成》编委会编，上海古籍出版社

会、牢笼士子的八股取士的罪恶本质。可谓，借读书人打封建社会的"板子"。读懂了作者对匡超人的爱与恨后，就能深深地体会封建社会读书人的哀与乐。

二、士林疏光

有影就必有光。当士林真名士的光芒打在那些功名的傀儡身上时，他们的嘴脸更加清晰。小说第一回塑造了一个视乌纱如草芥、嵚崎磊落、学识渊博的真儒士的形象——王冕。作者以"说楔子敷陈大义借名流隐括全文"为首回标题，直抒胸臆，寄托了心中的理想和希望——哪怕这世上多一个像王冕这样的人存在，这世界也会更加光明。

作者吴敬梓，他出身富裕，也曾参加科举考试，却遭到侮辱，后他"坚以疾笃辞"，不再参加应试，所以对考八股、开科举的利弊感受尤深。作者与书中一位主人公——杜少卿极为相似。杜

少卿也出身于"一门三鼎甲，四代六尚书"的大官僚地主家庭，却"出淤泥而不染"，瞧不起功名富贵。他敢于在那个令人窒息的时代反抗，这与追名逐利、趋炎附势、随波逐流的社会风气形成鲜明的对比。作者在书中写进自己的影子，以唤醒沉睡麻木的人们。

当然，《儒林外史》中出现的真名士还有很多。如悠然自得、淡泊名利的庄征君，真实平淡、超凡脱俗的虞博士，行侠仗义、为民着想的萧云仙……作者通过这些正面人物来表现自己的理想，也希望用这些树立在黑暗、污浊的封建末世中的光辉榜样去散发光芒，感召世人，让这一股清泉涌动不息，流向光明。

光和影的较量从未停止，但我看到了作者所期望的社会的进步、人们的醒悟。科举制度早已废除，一轮又一轮的教育体制改革如期而至。如今，"学而优则仕"的观念已经被大多数人摒弃。开放的社会，包容的胸怀，多元化的价值观，让人们深刻地认识到：成功之路并非唯一。能读好书固然不错，就算上不了大学也不能阻挡成功的脚步。就算读书，也不能读死书。多元的社会需要多元的人才，只要你能把自己的优点发挥到极致，你就是人才，你就成功了！十二年寒窗苦读，我终于考上了理想中的大学，也算是教育的受益者吧！回顾求学之路，尽管艰辛，但我回味无穷，因为，经历、甚至苦难都是一笔财富。和吴敬梓笔下的封建社会比起来，我们的

《儒林外史》，吴敬梓著，李汉秋校点、杜维沫注释，中华书局

时代幸运得多。

　　面朝阳光，你就看不到阴影。吴敬梓对社会充满希望，我们也是。愿当代社会疏光斜影间，仍有清泉涌动。

甘 灵

【作者小传】

甘灵，男，壮族，1965年生于广西武宣，工学硕士，副研究员，现任西南交通大学党委办公室主任。

长期从事党务、高教管理、教学及科研工作，先后在《思想理论教育研究》《四川经济管理学院学报》等期刊上发表论文若干篇，主持或参与完成各类科研项目十余项，曾获国家教学成果二等奖、四川省教学成果一等奖。

为信义而战

——有感于《资治通鉴·周记》

2 400多年前，正处于春秋时期，智氏的领地被韩、赵、魏三家瓜分，赵襄子将智伯杀死后，将其头颅上漆，作为自己的饮酒器具。这一幕，只是中国古代乱世的一个缩影，但智伯家臣豫让的出场，却在这残忍、血腥的乱世中绽放出耀眼的光芒，让信义、执着的刚毅光辉，始终在那段诸侯混战的冰冷历史中闪耀，至今读来还令人唏嘘不已。

行刺，本来仅仅是政治的非常手段，只是残酷的战争形式的一种而已。但在漫长的历史长河中，它更多地被弱势的一方用来向强势的一方作歇斯底里式的抗争。在血腥的人类史中，它常常是弱者在绝境中被迫选择的、唯一可能出奇制胜的决死拼斗。

豫让因对自己有知遇之恩的智伯的惨死，决心刺杀赵襄子，为智伯报仇。第一次刺杀行动失败后，他用漆疮烂身体，吞炭弄哑声音，残身苦形，使妻子不识，仍坚持寻找接近怨主赵襄子的时

《资治通鉴》，司马光著，胡三省音注，中华书局

机。再次谋刺未遂被捕，临死时，求得赵襄子衣服，拔剑击斩其衣，以示为主复仇，然后伏剑自杀。

豫让并不是中国历史上第一位刺客，在他之前有专诸，专诸之前有曹沫。豫让的刺杀，并没有曹沫的淡定和成功，没有专诸的神秘和浪漫气息，但他却展现出一名义无二心的勇士的忠心义胆与惊心动魄，敢于为信义而战，甚至不惜牺牲自己宝贵的性命。正如豫让自己所言："士为知己者死，女为悦己者容。"

这让我又想起了《史记·田儋列传》中记载的"田横五百壮士"的故事，秦末齐国旧王族田横被汉高祖的军队围困在一海岛上，为保存岛上五百人的生命，一人带着两名部下去见刘邦，但到了离京城三十里的地方便自刎而死，以示自己不投降的坚贞，当刘邦派人去招降岛上的五百人时，五百壮士闻知田横自刎的消息，集体蹈海而死。以致司马迁也发出了这样的感慨："田横之高节，宾客慕义而从横死，岂非至贤！"

今天的我不想去妄下断言说什么豫让和五百壮士是"愚忠"，更不想嘲笑他们太傻太天真，因为在今日物欲横流的社会里，太多人已经不会选择为信义而战了，更何况是为了信义而牺牲自己宝贵的生命。有些人常为功名利禄而绞尽脑汁，甚至为达目的不择手段，坚守着所谓"各人自扫门前雪，莫管他人瓦上霜""人不为己，天诛地灭"的所谓"信条"。显然，明哲保身、"事不关己，高高挂起"的人多了，这个社会就变得冷漠了，没有了人情味和正义感。因此，我们也常常会发出感慨：这个时代的英雄少了！

当我们时不时地翻开历史的长卷，就常会看到，国家危亡之际，大批的壮士们挺身而出，抛头颅、洒热血，马革裹尸还，上演着一幕幕"风萧萧兮易水寒，壮士一去兮不复还"的悲壮。他们视国耻为不可容忍，把这种耻看成自己私人的、必须以命相抵的奇辱大耻——中国文明中的"耻"的观念就这样强化了，因此也留下了许许多多可歌可泣、妇孺皆知的感人历史故事。为国雪耻、为国而战实际上就是一种信义，一种责任担当，更是一种民族大义，这种大义之举支撑起了绵延数千年的中华民族，也深刻地诠释了中华传统文化中的"仁爱忠义"。一诺千金，以命承诺，舍生取义，义不容辞——这些中国文明中的有力成语，都是经过了志士的鲜血浇灌以后，才如同淬火之后的铁、沉水之后的石一样，铸就了中国精神。

信义是综合体现诚信、信誉、侠义、仗义、道义等概念的道德范畴，古往今来都被世人共奉为美德。所以每每我们在历史典籍中读到这些历史上的信义之士的故事之时，都会为他们的壮举而感到热血沸腾，也会为他们的不幸和悲壮而扼腕叹息。我们敬重信义之士，更期待国家和民族涌现更多信义之士。实际上，我们每个人的内心深处都渴求社会能构建一套可供国人自觉遵循的道德价值体系和秩序体系，中华上下五千年无数的仁人志士都在为此不懈努力，无论是两千多年前"百家争鸣"的春秋战国时代，还是到时至今日社会主义核心价值观的提出与倡导，都是对构建国人道德范式的伟大尝试和实践，也是构建国家文化软实力的重要举措。习近平总书记今年"五四"青年节北京大学师生座谈会上也谈到："人类社会发展的历史表明，对一个民族、一个国家来说，最持久、最深层的力量是全社会共同认可的核心价值观。核心价值观，承载着一个民族、一个国家的精神追求，体现着一个社会评判是非曲直的价值标准。"也许很多人都还记得《礼记·礼运》描述大同世界的社会景象："大道之行也，天下为公。选贤与能，讲信修睦。故人不独亲其亲，不独子其子。使老有所终，壮有所用，幼有所长，鳏寡孤独废疾者，皆有所养。男有分，女有归。货恶其弃于地也，不必藏于己。力恶其不出于身也，不必为己。是故谋闭而不兴，盗窃乱贼而不作，故外户而不闭，是谓大同。"这是古人对美好社会秩序的憧憬和追求，今天的我们也期待着构建起民主法治、公平正义、诚信友爱、充满活力、安定有序、人与自然和谐相处的和谐社会，这需要我们全民族道德文化素质的整体提升，人人都具有道德秩序意识，人与人、人与社会、人与自然才能和谐共处。

17世纪英国哲学家弗兰西斯·培根曾经有过一句名言"读史可以明智"，读懂历史归根结底就是为了从历史中汲取智慧和力量。从历史中，我能深刻感受到，古人从小就受到良好而严格的道德教育，从牙牙学语、蹒跚学步开始就学背《三字经》《弟子规》《论语》，坚持修身立德为先，才会有如此多的明大义、知荣辱、辨是非的名士，令后人景仰和膜拜。陶冶身心，涵养德性，"内圣"才能"外王"。古人的道德秩序教育值得我们深思，虽不能生搬硬套，然可取其精华、弃其糟粕，借鉴使用。

思之今天中国的教育，我们切不能仅仅只给年轻的一代传授专业知识技能，而忽视了立德修身的引导。司马光在《资治通鉴》中对"德"和"才"就有这样的名言："才德全尽谓之圣人，才德兼亡谓之愚人，德胜才谓之君子，才胜德谓之小人。"网络上也有这样的形象说法："有德有才为精品，无德无才为废品，有德无才为成品，无德有才为毒品。"这足以引起我们教育工作者的深思和警醒。培养人才，首先还是要让学生成人，成为一个纯粹的人、一个是非分明的人、一个不随波逐流的人、一个有理想有追求有抱负的人，在此基础上才是成才。因此，人文教育与科学教育、通识教育与专业教育需要兼而并重、不可偏废，真正让我们培养出来的建设者和接班人，人格健全、心智丰满、德才兼备，既要成为实现伟大"中国梦"的栋梁之材，更要成为中华民族伟大复兴的精神脊梁，关键时刻敢于为信义而战！

岳 勇

【作者小传】

　　岳勇，男，汉族，1991年生于四川宜宾，爱好篮球、足球，现就读于西南交通大学峨眉校区计算机与通信工程系2011级计算机通信专业（本科）。

　　虽平日看书不多，但还是比较偏爱一些引人思考的书籍，个人比较偏好老舍和鲁迅的文章，每读他们的文章，总能引起我深深地思考。而这种阅读带来的思考，让我深深沉迷，不可自拔。

奔流中呐喊

翻阅历史长卷，滔滔洪流，英才辈出。背着行囊，穿掠于画卷之间，而此时，那个敢于用一支笔挑战敌人的文学战士吸引了我的目光，他，鲁迅，"寄意寒星荃不察，我以我血荐轩辕。"以其伟大的人格影响着一代代人。

如今，我已进入大学校门，再次读起鲁迅这本选集，又领略到了鲁迅更多强大的人格魅力。《鲁迅

《鲁迅选集》，鲁迅著，人民文学出版社

选集》记录的是一段历史的辛酸，这里没有悬疑、没有惊悚，甚至缺乏一些文学最擅长的凄美和最厚重的浩瀚。但就是这不可多得的小说和杂文开启了现代文学的新篇章，鞭笞了封建社会千年的丑恶，刺痛了反动势力最致命的软肋。

毛泽东曾对鲁迅给予了极高的评价："鲁迅是中国文化的主将，他不但是伟大的文学家，而且是伟大的思想家和伟大的革命家。鲁迅的骨头是最硬的，他没有丝毫的奴颜和媚骨，这是殖民地半殖民地人民最可宝贵的性格。鲁迅是文化战线上代表全民族

的大多数，向着敌人冲锋陷阵的最正确、最勇敢、最坚决、最忠实、最热忱的民族英雄。鲁迅的方向，就是中华民族新文化的方向。"

　　重读鲁迅的散文，一种家的温馨，甜蜜之乐油然而生。眼前浮现出对童稚的向往和迷恋，对未来的憧憬与仰望。鲁迅的唯一一部回忆性散文集《朝花夕拾》，生动地呈现了一幅幅温馨，甚至催人泪下的画面。唯一一部散文诗集《野草》同样能使人感受到那种激情、蓬勃。《阿长与山海经》便用了欲扬先抑的手法，后仅一句"我似乎遇着了一个霹雳，全体都震悚起来"，便将对"阿长"的敬爱，刻骨铭心的敬意体现得淋漓尽致。"仁厚黑暗的地母呵，愿在你的怀里永安她的魂灵。"则表现了对"阿长"的思念之情。可以说"阿长"是鲁迅一生值得尊敬、感激的人。鲁迅数篇文章中皆有提到长妈妈。可见作者对"阿长"情谊之深，思念之切。在"阿长"的身上保留了很多迂腐的习俗，比如，在新年的早晨要吃福橘，喜欢"切切察察"，还有点喜欢告状。这让鲁迅对"阿长"有些不满。再加上"阿长"还踩死了鲁迅喜爱的隐鼠。因此，鲁迅对"阿长"怀恨在心。鲁迅在这里的描写，让我的脑子里勾勒出的是一个守旧的妇女形象。《且介亭杂文》等文集中，鲁迅运用杂文这一匕首、投枪对封建旧文明、旧道德，对帝国主义奴化思想等进行了毫无保留的批判，暴露并批判了国民劣根性，对国民卑怯保守的病态心理作了深刻的剖析。

　　《野草》是篇感人至深的文章，他借种子的力来说明生命力是不可抗拒的，借此来启发和鼓舞当时的人们去抗争。一棵任人践踏的小草，无人注意的小草，它却以顽强的生命力，掀翻了压在身上巨大的石块，顽强地钻出地面。表现了不畏困难，勇于磨炼，永远乐观的可贵精神，野草的这种精神告诉我们，无论面对多么巨大的困难和不幸，只要一步一个脚印，不屈不挠地前进，生活道路中的成功也就会与我们相逢。

在这其中，我最感到震撼的是《狂人日记》，它是鲁迅先生《呐喊》中的一篇。《狂人日记》是中国现代文学史上第一篇真正的现代白话小说。

在《狂人日记》中，我们大多数人都可以很轻易地从字里行间，看到鲁迅以象征的形式对封建传统所进行的批判。在作品中，也用"狂人"的自白清楚地昭示出来："凡事总需研究，才会明白。古来时常吃人，我也还记得，可是不甚清楚。我翻开历史一查，这历史没有年代，歪歪斜斜的每页上都写着'仁义道德'几个字。我横竖睡不着，仔细看了半夜，才从字缝里看出字来，满本都写着两个字是'吃人'！""狂人"实际上是一个敢于向传统挑战的已经觉醒的知识分子形象，一个敢于向现实的世俗社会挑战的清醒的、反封建的民主主义者的象征形象。

鲁迅笔下的人物塑造是立体的、灵活的。祥林嫂就是其中一例。受尽封建礼教压榨的穷苦农家妇女，丈夫死后，狠心的婆婆要将她出卖，她被逼出逃，经卫老婆子介绍，到鲁镇鲁四老爷家做佣工，受尽鄙视，虐待。她很快又被婆婆家抢走，卖到贺家成亲，贺老六是个纯朴厚实的农民，很快又有了儿子阿毛，祥林嫂终于过上安稳的日子。然而命途多舛，贺老六受地主的身心摧残饮恨死去。不久，阿毛被狼吃掉。经受双重打击的祥林嫂，丧魂失魄，犹如白痴，可是人们还说她改嫁"有罪"，要她捐门槛"赎罪"，不然到了阴间还要受苦。她千辛万苦攒钱捐了门槛后，依然摆脱不了人们的歧视。最后，她沿街乞讨，在除夕的鞭炮生中，惨死在街头。祥林嫂只是那个时代的一个缩影，有更多如祥林嫂般的劳动妇女深受封建礼教的摧残，她们没有幸福可言，得不到应有的尊重。每每读起《祝福》，都会感叹祥林嫂命运的悲惨，增添几分对其的怜悯，同时也有几许无奈。

然而鲁迅始终是一位直面现实的勇士，即使他内心中已经感到绝望，却仍然站起来进行反抗。这种"知其不可为而为之"的精神在今天也可以看到：有人在呼吁保护地球、建立绿色家园，有人在"以笔为旌"，寻找人类的终极价值，虽然这呼声十分微弱，但却令人看到了人类世界不断向前的曙光。

《鲁迅选集》里的杂文在中国现代文学史上的地位是不容抹杀的。鲁迅先生说他写作的目的，一是"为那些为中国的改革而奔驰的猛士"，"他们在寂寞中奋战，我有责任为他们呐喊，要给予他们哪怕是微弱的慰藉"。二是为那些"如我年轻时候似的正做着美梦的青年"，正是因为他们，必须在作品中"处处给予一种不退走，不悲观，不绝望的诱导，而对自己内心深处的悲凉感有所扼制（何况我对于悲凉感本身也是持有怀疑态度的）"。三是为他的敌人，鲁迅说："我的敌人活得快乐，我干嘛要让他们那么愉快呢？我要像一个黑色魔鬼那样，站在他们面前，使他们感到他们不圆满。"

叶圣陶先生也曾这样评价过："与其说鲁迅先生的精神不死，不如说鲁迅先生的精神正在发芽滋长，播散到大众的心里。"而鲁迅的儿子周海婴也说："或许是由于政治需要，很长一段时间，鲁迅的形象都被塑造为'横眉冷对'，好像不横眉冷对就不是真正的鲁迅、社会需要的鲁迅。的确，鲁迅是爱憎分明的，但不等于说鲁迅没有普通人的情感，没有他温和、慈爱的那一面。"

"真的猛士敢于直面淋漓的鲜血，敢于正视惨淡的人生"，鲁迅先生作品最具价值之处，就在于其改造"民族灵魂"和中国社会的思想。鲁迅先生为现代文学刻画了一系列不朽的典型：既疯狂又格外清醒的"狂人"；作为国民弱点象征的"精神胜利法"的体现者阿 Q；带着滴血的灵魂走向地狱的祥林嫂；还有闰土、华老栓，等等。他不但写出人物的"血肉来"，而且表现出人物"灵魂的深"。

　　多少年后，读起鲁迅的文章，依然热血澎湃。纵观中国历史长河，鲁迅以愤慨之笔与敌人斗争，可见其品格之坚韧。今日，中国已登世界之巅峰，少年强则国强，愿我们以坚强的意志，顽强的奋斗精神，像周树人先生一样，战至最后一刻！

李　潇

【作者小传】

李潇，女，汉族，1993 年生于浙江，爱好旅游、书法，现就读于西南交通大学经济管理学院 2011 级工商管理专业（本科）。

个性散漫，喜欢自由，爱好挑战，喜欢忙碌却又悠闲的矛盾生活，向往安静平和的诗情画意，也期盼着生活中突至的惊喜。喜欢文学，对于中国千年流传的思想文化有着莫名的敬仰与感动，折服于中国古老并且深具魅力的文字与遣词造句。

思虑神州策，俯仰天下计，谋攻制高点

——读《孙子兵法》

一语破的，千里之外预知风起云涌；

字字珠玑，箴言哲思囊括决胜之道；

太极阴阳，乾坤卦象推演天地命理。

在千年之前辉煌的智慧典藏中，《周易》精妙，《诗经》无邪，《论语》中庸，而《孙子兵法》则以谋略见长于兵法之列。

一、"兵者，国之大事，死生之地，存亡之道，不可不察也"

宇宙洪荒，一弹指顷，原始的蛮荒禁锢着渴望自由飞翔的灵魂。

几千年前，应当还是一个交通滞后、出行不便的时期，现今只需要几十个小时便可抵达的地域，在那个年代，不知道要耗费多少物力与精力才能到达。许多人穷其一生或许都未曾踏足过相邻的国土。山脉连绵、山峦叠翠的自然风情同时也阻隔了先辈们一窥华夏全貌的可能，故人们多埋首于书卷，竹简

《孙子兵法》，孙武著，郭化若注译，中华书局

沉沉，笔尖的世界成了他们的宇宙。

恰似蜗居的人生，而心却往往不甘寂寞，没有舟车劳顿的星夜兼程，就借助意识带着形体上升到无与伦比的高境界，俯瞰整片神州大地。国与国的界限在心中描绘千遍，依靠人力进行传播的信息总有滞后，却不影响千里之外的运筹帷幄。对于时局的掌握，对于人心的把控，细致得恐怖。谋略，就在点滴的微尘中显得尤为精妙。

视野的狭窄拓宽了思想的疆域，先人的谋略更为长远，他们看得到未来的方向，看得清抉择之后的利弊，看得明蝴蝶翅膀的力量。思考和决策以国为单位，而不是以个人利益为先。一个好的将领，应当以更为和平的方式解决争端，武力，往往在某一程度代表了理法有亏。最成功的征服，便是思想上的完全归属与完全认同。

二、"故知兵之将，生民至司命，国家安危之主也"

烽火狼烟起，战马嘶鸣，黄尘飞扬，血性灵魂在生命飞速消逝之时呼啸奔腾。

在一个时兴用生命建筑功勋，用血肉之躯流传青史的年代，生命或许一文不值，来临与离开都不曾有点滴的动荡。宇宙洪荒，变数太大，那是我们难以想象与不可企及的时光，在那个动乱的年代，对于普通人，生活变得艰难困顿，战争伴随着天灾随时都有降临的可能。要名扬天下留下自己来过的痕迹似乎无比艰难，因此，很多人选择用无数鲜活的生命来证明自身的存在，那个时期是残酷的，乱世出英雄，英雄出少年，战乱成了最好的检验场。

英雄是最疯狂的赌徒，他们用自己和成千上万人的生命做注，赌一册青史流芳。多数人在一腔热血中看到彼岸花开，少数人在刀光剑影中伤痕累累，然后荣归故里。文人谓之武夫为莽夫，匹夫之勇，有勇无谋，而孙子不然。一场战争的胜利或许有一些外力在其中，但是要长期立于不败之地，却不是依靠单纯的硬件设施就可以达到的，它需要我们的将领足够有大智慧，带领千军万马，在偌大的战场上收放自如，先立于不败之地，然后克敌制胜。

人，总是最千变万化，充满变数。一场烽烟，血染黄沙，一将功成万骨枯是亘古不变的箴言，而将帅之能，却成制胜关键。用兵之人最需神机妙算，兵者，诡道也，兵不厌诈，用间也可。用兵者，当机立断，果决敏锐，

《孙子兵法》，孙武著，马俊英主编，光明日报出版社

大气磅礴，无不可舍。一场胜利，可用千万人性命做饵而面不改色。而，将在外君命有所不受，是以，一意孤行、不思虑国本、兼顾百姓的将领，将天下玩弄于股掌之间，翻手为云覆手为雨，终是百害而无一利。

三、"上兵伐谋，其次伐交，其次伐兵，其下攻城。
攻城之法，为不得已"

沧海一粟，卑微如斯，那是一个用实力收获荣誉的时期，强横而无情。

许多武将竭尽全力挑起战争，在战场上享受生命的尊贵与谦卑。尸骨遍地、马革裹尸被视为荣誉，而孙子却将此视为下下策。

战争，用生命浇灌的胜利之花固然予人畏惧的震慑力，却也劳民伤财至国土垂危。"日费千金，然后十万之师举矣"，兴兵百万，耗资巨大，反噬于百姓与国本，终成困局。未曾亲眼见过血流成河的惨状，未曾体验过生离死别的悲苦，我们安然地远离所有的战乱，自然无法体会在一个时刻动荡的年代和平的可贵与战争的可怕。

全之一字，为决胜之上策，攻心为上，攻城为下，不战而屈人之兵是为良将，为善之善者也。一个优秀的领导者抑或是将军，不应当用敌人的死亡数目用作衡量功绩的标准，而应当以己方的得失作为标杆。"天者，令民与上同意也，故可以与之死，可以与之生，而不畏危。"良将不当视生命如草芥，尊重是相互的，再卑微懦弱的生命凭其星火，亦可燎原。千里之堤溃于蚁穴，不安定的因素总是在无意之间悄然埋下。

师出有名，名正言顺则民心所向，则无往而不利。孙子从理出发，主张牺牲最小化，利益最大化。一名优秀的将领，应在一动一静、一张一弛中玩弄敌人于股掌之间，而不费一兵一卒。或许他不曾有过鲜衣怒马、战场驰骋的豪气干云，但那运筹帷幄间的从容淡定却更扣人心弦。思想有如此玄妙的能力，千军万马的浩大声势都敌不过城楼前的羽扇轻摇。

四、"计利以听，乃为之势，以佐其外。势者，因利而制权也"

岁月变迁，繁华成空，没有遗世独立，只有随着俗世颠沛流离的无可奈何。

势者，犹水之就下也。超脱凡尘始终是一个可望而不可即的虚妄之境。我们都需要依附周遭的环境存活，也需要依靠他人的存在证明自身的优劣。正如我们信奉着人定胜天的思想而大张旗鼓地寻求改变，脱离既定的轨道走上渴望已久的康庄大道一般，我们最终还是要回到原路上，弥补冒进留下的隐患，尝不愿听从先哲训诫结出的苦果。

荀子的《劝学》中有"君子生非异也，善假于物也"，而在《孙子兵法》中有："善用兵者，役不再籍，粮不三载；取用于国，因粮于敌，故军食可足也。"皆指明有识之士需善于利用外部形势，借势而为，获取利益。偏安一隅非智者所为，我们须从自己的一方天地中探出头来，密切留意周遭变化，实现从凡人视角到上帝俯瞰的转变。更迭是必需的，因而，要想取得成功，故步自封绝对是必死无疑。外界条件的瞬息万变往往容易成就一段神话，也容易在下一瞬间毁灭这个神话。如何成为"君子"立于不败之地，就需我们学会合理借用外力，利用太极当中"借力打力"的原理，让时势造英雄。

《十一家注孙子校理》，曹操等注，杨丙安校注，中华书局

大到时局变动牵引毫发，小到一饮一啄间皆有思量。人法地，地法天，天法道，道法自然。人力微弱，终究敌不过大势所趋，顺势而为，则可借力打力，事半功倍，逆水行舟实不可取。

千帆已过尽，涤荡先哲深思，几许？

白云变苍狗，驱逐脆弱生命，良多！

生生而不息，短暂化成永恒！

代代传诵……

刘长军

【作者小传】

刘长军，男，汉族，1977年生于黑龙江省兰西县，硕士，讲师，现任西南交通大学物理科学与技术学院常务副院长。

主要从事高校党建与思想政治教育、马克思主义大众化、高教管理相关研究，以副主编或编者身份编著《高校党建科学化探索与实践》《改革开放与民族复兴》《高校辅导员工作理论与实务》，发表有关高校党建、辅导员队伍建设、大学生班级文化建设等相关文章，主持并完成四川省高校思想政治研究会课题、学校学生队伍建设专项课题、党建研究课题。先后获得四川省高校系统优秀党务工作者、学校优秀党务工作者称号。

人是一根有思想的芦苇

——读帕斯卡尔《思想录》的体会

假期中，自己从 96 本经典阅读名单中选择了《思想录》作为阅读书目。对于这本书还有和它一起被称为西方三大哲学散文的培根的《人生论》与蒙田的《随笔集》，自己在以往曾接触过，但终因哲学功底肤浅和未能摆脱浮躁的心性，没有能平心静气仔细地、慢慢地、有品位地享受这些对于人生思考的饕餮盛宴。这次利用在外学习的机会，自己鼓起勇气，选择了帕斯卡的《思想录》进行阅读。

《思想录》一书，构思大概是在 1660 年，在谭善明翻译的版本中关于开头的编者的话中，提到《思想录》是帕斯卡为基督教辩护而精心构思的。然而，由戴瑞辉、谭雪松翻译的英国作家奥尔本·克莱尔希默所著的《帕斯卡》一书中则指出，是谁或者什么特殊原则促使帕斯卡着手撰写《为基督宗教辩护》，至今这还是个谜。这篇文章

《思想录》，（法）帕斯卡尔著，何兆武译，商务印书馆

被收录在未完成之作《思想录》里。从这段话的理解可以看出，我们对《思想录》的把握，还不能完全把它看成是为基督宗教辩护。《思想录》当中有为基督宗教辩护的内容，但还有超过这些内容之上，到达思想层面的内容。也正如帕斯卡评价蒙田时说："我们在蒙田的著作中察觉到的正是我们自身所具有的东西。这样，正如他已经提到的那样，他为评论家提供了一个合适的起点。"而我们阅读《思想录》也可以在帕斯卡身上找到我们自身身上的某些东西，因此，这正是《思想录》350余年来经久不衰的巨大的魅力所在。

对《思想录》的阅读，在一定程度上来说，是一趟心灵之旅，是一趟自我认识、自我解剖之旅，更是一趟追随帕斯卡思想转变的思想之旅。但由于底蕴的缺乏，通篇阅读之后，还不能够很好地把握其精髓。现仅就自己的感想和体会略谈一二。

一、人要学会认识自我

按照帕斯卡的意思，人必须认识自我，即使无助于发现真理，这至少也可以当作生活的规范，而且没有比这更好的规范了。他提出，人在自然中究竟是什么呢？对无限而言是虚无，与虚无相比是无限，人就处在虚无与无限之间。存在的本性掩盖了对虚无第一原理的认识，而存在的渺小又蒙蔽了我们对无限的视野。因此，人类无限远离了对这两个极端的理解。但同时他还认为，人类即使不能对两个极端有足够的理解但却不能对此一无所知。由于人的本性中的有着激情和理性两个方面。因此人的内心一直处于内战状态，处于矛盾状态，比如，爱自己什么，恨自己什么，所以要唤起人寻求真理的欲望，知道自己的知识怎样被激情所蒙蔽，才能从激情中解放出来，从而使人能正确认识自己，悲观时不至于绝望，骄傲时不要趾高气扬。

联想到我们现在生活的境况，部分人是缺乏自我认识的，一方面是缺乏自我认识的能力，另一方面是不愿意进行自我认识，而更愿意生活在一种随遇而安和随波逐流的状态中。两个方面都是缺少精神上的自卫能力，因此也才会出现遇到困难之后的绝望或者走向极端。或者是取得一点成就就变得趾高气扬，俯视所有人，认为普天之下只有他最大等不正常现

《思想录》，（法）帕斯卡尔著，钱培鑫译，译林出版社

象或者情况。在实际生活中，有些人出现了一些因过度虚无，而将注意力转移到那些所谓的游戏、购物、工作之上的等等行为，其内心多半是空虚的，其只有以此为快乐才能舒缓内心的空虚，但过后空虚仍然健在。另外一些人则反之，取得一点成就或者成绩就不可一世，产生了极度的傲慢和骄傲情绪。这二者都是缺乏正确自我了解的体现。

而真正的自我认识应该知晓人类自身存在的激情和理性的两类本性。在爱自己时，知晓的是自己身上向善的天性，但同时不能简单地毫无选择地爱自身的卑贱。同样在恨自己时，也不能不加选择地蔑视自己有追求真理和追求幸福的能力。

二、什么是幸福

"假如每个人都检查一下他自己的思想，他就发现其中塞满了过去和未来。我们极少想到现在，而且假如我们想到现在的话，也只是借助现在安排未来。现在永远都不是我们的目的，过去和

现在是我们的手段，只有未来才是我们的目的。因此，我们从没有生活过，但我们渴望生活。由于我们永远都准备着幸福生活，我们就必然永远不会幸福。"

读完这段话，很容易让人联想到当下的生活境遇。我们每天忙于工作、忙于应酬、忙于奔波，却似乎忘记了工作、应酬、奔波背后的目的到底是什么，追求的是什么。没有时间静下来好好思考一下。总是会说，等我空下来的时候要抓紧时间读上几本喜欢的书，背上几个外语单词，与家人好好相聚下，多陪陪孩子和家人。然后这一切又在忙碌中随风飘散。以至于在人生最后的弥留之际，才幡然醒悟，就像前几年一个年轻的大学教师在患癌症之后的弥留之际，从内心希望不要大房子、好汽车等等一切物质的追求，而真心希望能多给孩子和家人更多的爱和渴望一家人的团聚。她的这些不可能的需求，对于当下的人来讲又是多么的轻而易举呢！但是能得到的人，却以容易得到为借口，往往不珍惜，到头来后悔终身。所以，我们从帕斯卡的对人的思想的审视来看，人应该多么了解珍惜活在当下的意义啊！

三、人的全部尊严在于思想

人不过是一根芦苇，是自然界中最脆弱的东西，但他是一根会思想的芦苇。不需要整个宇宙武装起来就可以毁灭他，一团水汽、一滴水就足够杀死他。但是，即使宇宙毁灭了他，人却仍然要比杀死他的东西更高贵，因为他知道自己会死去，知道宇宙所超过他的优势，然而宇宙却对此一无所知。因此，我们的全部尊严就在于思想。我们必须通过思想，而不是通过我们无法填充的时空来提升自己。那就让我努力地好好思想吧，这就是道德的原理。

可见，一个人要能够好好的思想，同时能够具有审视自己思想的能力，是需要道德的力量的。他在书中有告诉我们，保持德行不是靠人自己的力量能够维持的，而是人的本性中、在人追求德行时到达两个极端时出现的邪恶的平衡来决定的。比如，在人的本性中激情引导我们做某事时，我们就忘记了我们的责任。然而理性会告诉我们，为了让自己不忘记责任，我们就必须从事自己不喜欢的事情。这样的事情在生活中也比比皆是。再比如，理性告诉我们讲真话对听的人是有益的，情感却告诉我们这对讲话的人是不利的，因为这会让听的人感到厌恶。因此，我们在生活中就不可避免地要在两个极端之间选择平衡。恰恰是这种选择的平衡状态，正是帕斯卡要告诉我们的，人们认识真理或者知识的第三条途径（也是与笛卡尔的精神和物质的二元论以及处于无可争议的至高地位的理性有根本区别的地方）。从表面上看是做了简单的选择，背后实际上是思维的力量。

钟 麒

【作者小传】

钟麒，女，汉族，1993 年生于四川成都，爱好阅读、旅行、音乐、电影，现就读于西南交通大学峨眉校区外国语系 2012 级英语（翻译）专业（本科）。

为什么要上大学？为什么要读书？我想，就是让你不会在结了婚，生了孩子之后才在空间上发说说感叹："人生真无聊"，才察觉到自己的无知和迷茫，走了大半路程，还不知道自己选择的是条什么路，在每每遇到困惑、遭遇挫折时，不会只是怨天尤人；读书能做的，就是让你清醒的走完这一生。这就够了。

给女性迎风奔跑的自由

——读《第二性》

"我们女孩当自强，是最勇敢坚强也最温柔贤淑，不用谁施舍阳光，好的坏的都是生活不是包袱，我们自己是太阳，Top girl 就要做自己救世主……"

——S.H.E《女孩当自强》

选择阅读法国作家西蒙娜·德·波伏娃的《第二性》，是因为这段时期关于女性角色的思考尤为激烈。是应该不甘示弱、努力证明女人一点儿也不输于男人，还是恪守男人所制定的条条框框、做一个依赖男人、以男人为生活中心的小女人？作为女性应该如何在人类社会上立足？作为女性应该如何实现自我价值？如此多的疑问让我倍感困惑。在这本被奉为"女性主义圣经"的精神食粮中，先人的智慧如三千东流水，而我，只取得一瓢，却也悟得几分。

《第二性》，（法）西蒙娜·德·波伏娃著，陶铁柱译，中国书籍出版社

从古到今，女人和男人在社会的地位就不停地发生着微妙的变化。在最原始的母系社会中，女性处于一个崇高的地位。这是因为妇女从事的采集工作比男子从事的狩猎工作更稳定，是可靠的生活来源，她们的活动是为了氏族集体的利益，对维系氏族的生存和繁衍起着极为重要的作用。因此，妇女在氏族公社里占有重要的地位，普遍受到重视。

而演变到后来，随着社会生产力的发展和男性在生产部门中突出地位的出现，原来男女在氏族中的地位发生重大变化，男性开始占据主导地位，女性却因此受到了许多不公平的对待。

历史上的女性大多数都被家庭所束缚，早早嫁人，从此生活就被柴米油盐酱醋茶所包围，老实地遵守着男人们制定的法律。封建社会讲求"三从四德"中的"三从"便是"未嫁从父，既嫁从夫，夫死从子"，这就体现了当时社会对女人的一生都跟随男人、为男人而活的要求。女人不能有自己的理想与人生目标，她的一生就注定服务于男人，这就是社会对女人的束缚。

男人不仅对女人束缚，还使用权力勾画出女人弱小的图画，并将自己犯的罪都推责于女人。如商纣亡国责怪于妲己，唐玄宗不理朝政是出于杨玉环的诱惑。事实上，她们都是只是在服从至高无上的男人们的命令。她们按照世俗的标准一切为男人而活、千方百计讨得男人的欢心，却因为男人的不中用而背负千古的骂名。在《第二性》中就提到一位不太知名的女性主义者普兰·德·拉巴尔在十七世纪说过的一句话："但凡男人写女人的东西都是值得怀疑的，因为男人既是法官又是当事人。"拿破仑法典就明文规定："未成年者、已婚妇女、犯人及精神病患者没有行使法律的权利。"女性没有资格参与到历史、法律的编写中，自然只能任由男性的偏袒，只能看着自己的权利被剥夺。法国人文主义者蒙田就非常明白落在妇女身上的命运有多专横和不公平："女人拒绝接受传入人间的法规一点儿也没错，因为这是男人撇开她们制定的。"女性不仅没有受教育权、自由权等，还要受人歧视、被认为是弱者，就像种族歧视时期的黑人一样，主权受到严重剥夺。

　　我爷爷就略有"重男轻女"的封建思想。开始我们家族还没有男孩，我在父母亲的宠爱中无忧无虑地长大。后来我姑妈的儿子出现在了我们的生活中，从此我成长的烦恼就不得不多了一项。回忆起青少年时期，"别人家的孩子"想必应该是大家的头号公敌，而我的烦恼，则是父母常常提到自家的"男"孩子。小孩大抵都是纯真的，会有"歧视"等思想完全是因为外界环境的灌输，我渐渐地意识到性别差别以及它的影响。我想正是因为这个堂弟的存在，让我开始变得不服输。一直到现在，我还是认为，男性可以做到的，女性同样可以做到。我仍然记得有一次，我和母亲需要把一些很沉的东西搬到 7 楼，这对于两个女人来说其实非常困难。当我扛起一袋比较沉的米快要走到终点的时候，我记得母亲说了一句话，让平常坚强的我当即泛起了泪花。她说："当我生下你的时候，我就知道你一定不会输给男孩子。"我想起母亲无意间说过的关于她生下女孩受到不公平待遇的只言片语，我想起她在平日里努力教导我成为更好的人的殷切期盼。我多想告诉她，我决不会让你再受半点气。然而我却装作不在意的样子，硬生生地止住了快要夺眶而出的泪水。这是母亲对我说过的极少的如此温情的话，到今天，我仍记得她说这话时眼角的欣慰与自豪。从那天起我就告诉自己，要给父母无限荣耀，要让他们因为有个女儿而感到骄傲！

《第二性》，（法）西蒙娜·德·波伏娃著，郑克鲁译，上海译文出版社

到现在我才发现，我的不服输是继承了我母亲的不服输，而我的虚荣也是继承了母亲的虚荣。放大来说，这是上一代、上两代、上千千万万代受压迫女性交给现代女性的时代任务！我们能安然走在大街上、我们能够受教育、我们能自由选择工作、我们能赢得大部分男性的尊重认可，都离不开众多女性主义者们坚持不懈的奋斗甚至牺牲。阿伦普·德·朱戈发现法国革命的人权宣言只是男权宣言，因此在法国大革命两年后的 1791 年发表了《女性与女性市民的人权宣言》，她后来却因此被送上了断头台；美国妇女在解放黑奴的运动中才意识到自己和黑人一样处于无权地位，所以积极投入奴隶解放运动，并引爆了 19 世纪 20 至 40 年代的女权运动，于 1848 年发表了类似法国女权宣言的《女性独立宣言》。

现代女性同样肩负历史的使命。虽然女性通过努力争取到了许多难得的权利，但社会仍然存在着女性受到不公待遇的现象。女性要想获得进一步的平等，就要从根本上改变男性对女性固有的成见。西蒙娜·德·波伏娃在《第二性》中讲到男人对女人的看法时说："人类是男性的，男人不是从女人本身，而是从相对男人而言来界定女人的，女人不被看做一个自主的存在。""女人相较男人而言，而不是男人相较女人而言确定下来并且区别开来；女人面对本质是非本质。男人是主体，是绝对；女人是他者。"而女人要想获得自由就要学会自主独立。

在《第二性》中，波伏娃研究了女人在出生、青春期、恋爱、结婚、生育到衰老各个阶段，以及农妇、女工、妓女、明星或知识分子等各个阶层中的真实处境，探讨了女性独立的可能出路。波伏娃提出，女性要想独立，首先就要做到经济独立。她同时也表示，只有当女性对自身的意识发生根本的改变，才有可能真正实现男女平等。

作为一个新时代女性，我们应当珍惜革命前辈的奋斗与牺牲，努力提高自身社会地位。树立积极的人生目标，不是依靠男人，而是自己为自己奋斗，活出自己的精彩人生！

著名的居里夫人玛丽·居里（Marie Curie）没有因为自己是女人而放弃人生理想，通过自己的不懈奋斗一生两度获得诺贝尔奖，靠自己的实力赢得了世界男性科学家的钦佩和尊重。她向世界证明着女性在科学界的智慧存在。现任德国总理，也是德国自希特勒以来最年轻领导人安吉拉·默克尔（Angela Merke）以及美国前国务卿希拉里·黛安·罗德姆·克林顿（Hillary Diane Rodham Clinton）、美丽智慧既是知名主持人又是成功企业家的杨澜等等都在向世人呼喊着："女性并不是弱者的象征！"女性和男性一样拥有追寻自我梦想、缔造传奇人生的权力，而不应该被束缚在男性身旁，一辈子依靠男人而活。

诚然，男女的社会分工固然不同。男性注定要把更多精力放在事业上，女性则应该在经营家庭方面付出更多。社会分工注定了男女有别，但并不意味着女性只会经营家庭并受到歧视。当男性改变对女性认识的同时，女性自身也要变得坚强起来。新时代女性应该意识到自己是个独立的存在，而不是依附男人存活。选择自己的想要的人生吧，女人！

陈维荣

【作者小传】

陈维荣，男，汉族，1965年生于四川隆昌，工学博士，教授，现任西南交通大学电气工程学院院长、国家轨道交通电气化与自动化工程技术研究中心常务副主任，国务院政府特殊津贴获得者、茅以升铁道科技奖获得者，四川省学术技术带头人、四川省教学名师、四川省电机工程学会副理事长、四川省铁道学会电气化专委会主任委员、四川省电子学会电子测量与仪器专委会副主任委员。

一直从事工业远程监控、电力系统及其自动化、智能信息处理、燃料电池（氢能源）技术及其应用等领域的科研和教学工作。曾主持或主研国家自然科学基金、国家科技支撑计划等国家、省部级科研项目40多项，获国家科技进步二等奖2项，省部级科技进步一等奖3项、二等奖2项、三等奖4项，在IEEE Trans. on Power Systems、IEEE Trans. On Industrial Electronics、Journal of Power Sources、《中国电机工程学报》等国内外重要学术刊物或国际会议上发表学术论文260余篇，其中，SCI、EI收录130篇，参编教材2部，申请/授权发明专利近30项，获2009年国家优秀教学成果一等奖1项，四川省优秀教学成果一等奖3项、二等奖1项，是"轨道交通电气化与自动化"国家级教学团队骨干教师、"电气工程及其自动化"国家级特色专业建设点骨干教师、"远动监控技术"国家精品课程和国家精品资源共享课程负责人。

《自然哲学的数学原理》读后感

这些年一直忙于所谓的"学术"研究和"技术研发"，难于静下心好好读读经典名著，终于在假期有时间好好拜读了世界经典名著：牛顿于 1687 年发表的《自然哲学的数学原理》（赵振江根据 1726 年由英司坊出版的《自然哲学的数学原理》拉丁文第三版翻译）（后文简称《原理》）。该书虽发表于 300 多年前，但研读该书后，不仅感受到了牛顿学术成果之伟大，也同样感触到牛顿思想的睿智、思维的敏捷、不畏世俗敢为真理言的精神。

《自然哲学的数学原理》，（英）牛顿著，赵振江译，商务印书馆

研读巨著《原理》后，感触良多，除了关于数学、力学、物理等专业知识的巩固、补充外，还有诸多感受。摘录几点读后感如下：

一、《原理》的历史背景的进一步了解

艾萨克·牛顿（Isaac Newton，1643—1727），历史上最伟大的物理学家、数学家、天文学家、自然哲学家和炼金术士之一。

发生在欧洲的第一次世界科技革命，以哥白尼的《论天球的运行》发表为开始，到以牛顿的《自然哲学的数学原理》的发表为结束，极大地促进了人类历史的进步。由此也可见《原理》的崇高科学历史地位。《原理》标志着经典力学体系的建立，是人类科学史，乃至整个人类文明史中的不朽巨著。《原理》与爱因斯坦的《相对论》一样，开创了人类科学的全新纪元。爱因斯坦评论到："在人类历史上，能够把物理试验、数学理论、机械发明结合成科学艺术的人，只有一位——那就是艾萨克·牛顿。""至今还没有用一个同样无所不包的统一的概念，来替代牛顿关于宇宙的统一概念。要是没有牛顿明晰的体系，我们到现在为止所得到的收获将是不可能的。"

牛顿于 1687 年发表的《原理》，是其科学才华巅峰时期所写的旷世巨著，也是他个人智慧的伟大结晶。书中提出了万有引力和三大运动定律并加以证明，这些描述奠定了此后三个世纪里物理世界的科学观点，并成为了现代工程学的基础。在《原理》之后，人类在自然科学中的伟大成就才层出不穷，但这些成就无一不与这部非凡的著作直接相关。

二、勇于怀疑、敢于猜想

牛顿通过自己对自然现象如天体等的观察和研究，由力学的分析，提出数学上的命题，导出星体、海洋的运动。由此，他期望其余的自然现象也能由力学原理用同类的论证导出，"因为许多理由使我怀疑它们可能都依赖某些力"。（牛顿：致读者——"作者的序言"）

目前，由于种种原因，科技界广泛存在浮躁现象，科研喜欢短平快项目、成果重数量轻质量、研究重技术轻基础、不愿或不敢质疑（或怀疑）权威，缺乏牛顿们的勇于创新、敢于猜想的科学精神，其直接结果就是原始创新研究少、自然原始创新成果缺乏。

三、序言的信息量大、总结精辟

本书的一大特点是：序言的信息量巨大、总结非常精辟。在第二版——"编者的序言"中，剑桥大学三一学院的罗杰·科茨对本书的观点、主要内容及哲学思想进行了详细的阐述，不仅是一个简单的书序，更是一个论文的综述。这是目前的科技书籍很难达到的，这也给我们提供了一个很好的示范。目前的科技著作的序言，大多是对作者的简介（或吹捧）、对书的简述（没有对书内容实质性的阐述），成为必需的形式而不是读者喜欢的内容（可能是作者喜欢的）。

四、结构合理、逻辑严谨

本书遵循古希腊的公理化模式，开篇就是定义，然后从公理或定律导出命题，之后再进行内容的论述（如论物体的运动、论宇宙的系统等）。在第一卷论述之前，本书就告诉读者他要论述的准确对象（经过抽象的对象）以及对它的解释、创新提出的定律及推理。这是学术著作非常好的写作结构。

五、观察细致、善于总结及分析

大家熟知，牛顿从苹果的掉落，总结出牛顿万有引力定律。这是牛顿善于观察生活、善于总结及分析

《自然哲学之数学原理》，（英）牛顿著，王克迪译，北京大学出版社

经典
悦
读
（第一辑）

的经典故事。牛顿善于观察生活的另一个案例是，牛顿通过观察
"由一条甚长的绳悬挂一只桶，且桶被持续旋转，直到绳由于扭转
过甚而变硬，再注入水，且桶与水一起静止；然后，另一个力突
然使桶向相反的方向做旋转运动"，再观察桶中水的运动。通过这
个现象，牛顿解释了所谓的静止、运动、量等概念，并导出离心
运动的力的分析（《原理》：定义 —— "解释"）。从这个日常的现
象，牛顿得到了非凡的结果。但同样对这个现象（或者类似的现
象），今天的我们应该都"看到"过，但没有仔细"观察"过。即
使今天，我们要从数学上准确描述这一现象，建立精确的数学模
型，对大多数人也不是一件很容易的事。但我们为啥就没有静下
心来看看、静下心来想想、静下心来分析的兴趣和理由？我们现
在究竟缺了什么？这看似简单的问题，真的简单吗？这值得我们
好好思考。

六、科学的思维方法是取得成功的基础

我们知道，科学的思维方法，是促进科学发展的基础，这个
命题再次从牛顿身上得到验证。在阅读《原理》之前，应该说我
对牛顿的三大定律还是非常熟悉的，但对其哲学思想不甚了解。
《原理》第三卷"论宇宙的系统"中的"研究哲学的规则"，牛顿
提出了研究哲学问题的四大"规则"，实际上这也是牛顿老年之前
的观察世界、分析世界的思维方式或原则。从这四大"规则"的
内容，我们可以认为，牛顿的世界观是唯物的，是从客观世界出
发的。基于这四大"规则"，结合牛顿的三大定律和对天体的观测，
牛顿导出了万有引力定律，并由此研究天体现象，取得了科学史
上伟大的成就。但我们也知道，牛顿晚年的科学成就远远比不上
之前的研究，分析其原因，我们可以看出，这一方面是由于牛顿

晚年的主要精力放在了行政管理上，没有静下心来继续他的科学研究；另一方面应该与他的世界观和思维方式的改变有关。牛顿晚年放弃了他的唯物观而信奉上帝，想从上帝那里寻找到对世界原动力来源的解释。可见，世界观的确立，对科技进步的影响多么巨大，所以，对于今天的我们，必须坚持唯物主义的世界观。

七、翻译缺陷、美中不足

作为专业性极强、思想深邃的世界学术名著，翻译者为了忠实原稿、原意，译本中"采用原书中的表达法，而给出必要的注释"。但这种翻译，存在翻译生涩、不符合现代中文习惯的不足。一方面，原著写作于 300 多年前，且是用拉丁文写就。译者采用原书中的表达法直译，难免存在文不达意的问题。如"定义 V"的解释"这一类的力中有重力，由它物体趋向地球的中心；有磁力，由它铁前往磁石；再有那个力，无论它是什么，由它行星持续被从直线运动上拉回，并被迫在曲线上运动"。显得翻译生硬、不易理解。这类问题全书比比皆是。另一方面，由于本书专业性极强，译者对数学、力学、天体物理等可能不是太熟，许多地方的描述同样存在翻译生硬、不易理解的问题，包括有些专业词汇不是我们目前常用的专业词汇等。如"定理 VI"中"我说……"，一般不这样使用，应翻译为"则……"等。可见，对于如此宏大的一本巨著，光有语言翻译家是不够的，应该加强协作，加入相关专业的学术专家参与翻译，可能效果更好。

附录

西南交通大学
经典阅读推荐书目
（2014）

1. 《易经》，苏勇点校，北京大学出版社

2. 《奥德赛》，（古希腊）荷马著，休宁译，外语教学与研究出版社

3. 《诗经》，王秀梅注解，中华书局

4. 《老子》，老子著，饶尚宽译注，中华书局

5. 《孙子兵法》，孙武著，马俊英主编，光明日报出版社

6. 《论语》，孔丘著，张燕婴译注，中华书局

7. 《理想国》，（古希腊）柏拉图著，郭斌和等译，商务印书馆

8. 《伊索寓言》，（古希腊）伊索著，罗念生等译，人民文学出版社

9. 《左传》，左丘明著，刘利、纪凌云译注，中华书局

10. 《史记》，司马迁著，裴马因集解，司马贞索引，张守节正义，中华书局

11. 《三国志》，陈寿著，裴松之注，中华书局

12. 《世说新语》，刘义庆著，刘孝标注，上海古籍出版社

13. 《源氏物语》，（日）紫式部著，丰子恺译，人民文学出版社

14. 《资治通鉴》，司马光著，胡三省注，中华书局

15. 《梦溪笔谈》，沈括著，金良年校点，齐鲁书社

16. 《神曲》，（意）但丁著，王维克译，人民文学出版社

17. 《哈姆雷特》，（英）莎士比亚著，梁实秋译，台北远东图书公司

18. 《思想录》，（法）帕斯卡尔著，何兆武译，商务印书馆

19.《谈谈方法》,(法)笛卡尔著,王太庆译,商务印书馆

20.《自然哲学的数学原理》,(英)牛顿著,赵振江译,商务印书馆

21.《古文观止》,吴楚材著,吴调侯选注,安秋平点校,中华书局

22.《哲学通信》,(法)伏尔泰著,高达观等译,上海人民出版社

23.《论法的精神》,(法)孟德斯鸠著,张雁深译,商务印书馆

24.《儒林外史》,吴敬梓著,张慧剑校注,人民文学出版社

25.《社会契约论》,(法)卢梭著,何兆武译,商务印书馆

26.《国富论》,(英)亚当·斯密著,谢祖钧等译,中南大学出版社

27.《红楼梦》,曹雪芹、高鹗著,俞平伯校,启功注,人民文学出版社

28.《实践理性批判》,(德)康德著,韩水法译,商务印书馆

29.《作为意志和表象的世界》,(德)叔本华著,石冲白译,商务印书馆

30.《美学》,(德)黑格尔著,朱光潜译,商务印书馆

31.《罗丹论艺术》,(法)罗丹口述,(法)葛赛尔著,傅雷译,团结出版社

32.《共产党宣言》,(德)卡尔·马克思、弗里德里希·恩格斯著,中共中央马克思恩格斯列宁斯大林著作编译局译,人民出版社

33.《旧制度与大革命》,(法)亚历西斯·德·托克维尔著,冯棠译,商务印书馆

34.《物种起源》,(英)达尔文著,周建人等译,生活·读书·新知三联书店

35.《论自由》,(英)约翰·密尔著,许宝骙译,商务印书馆

36.《人论》,(德)恩斯特·卡希尔著,甘阳译,上海译文出版社

37.《爱因斯坦文集》,(德)阿尔伯特·爱因斯坦著,许良英译,

商务印书馆

38.《查拉斯图拉如是说》，（德）尼采著，楚图南译，湖南人民出版社

39.《历史的观念》，（英）R. G. 柯林武德著，何兆武等译，中国社会科学出版社

40.《复活》，（俄）列夫·托尔斯泰著，草婴译，上海译文出版社

41.《新教伦理与资本主义精神》，（德）马克斯·韦伯著，于晓等译，生活·读书·新知三联书店

42.《约翰·克利斯朵夫》，（法）罗曼·罗兰著，傅雷译，人民文学出版社

43.《人间词话》，王国维著，徐调孚校注，中华书局

44.《科学与方法》，（法）昂利·彭加勒著，李醒民译，商务印书馆

45.《精神分析引论》，（奥）弗洛伊德著，高觉敷译，商务印书馆

46.《民主主义与教育》，（美）约翰·杜威著，王承绪译，人民教育出版社

47.《飞鸟集》，（印度）泰戈尔著，郑振铎译，上海译文出版社

48.《战争论》，（德）卡尔·冯·克劳塞维茨著，中国人民解放军军事科学院小组译，商务印书馆

49.《逻辑哲学论》，（奥）维特根斯坦著，贺绍甲译，商务印书馆

50.《中国近三百年学术史》，梁启超著，上海三联书店

51.《自然辩证法》，（德）弗里德里希·恩格斯著，曹葆华等译，人民出版社

52.《存在与时间》，（德）马丁·海德格尔著，陈嘉映等译，生活·读书·新知三联书店

53.《科学史》，（英）丹皮尔著，李珩译，中国人民大学出版社

54.《美丽新世界》，（英）阿道司·赫胥黎著，李黎译，花城出版社

55.《历史研究》,（英）汤因比，曹末风等译，上海人民出版社

56.《梵高传》,（美）欧文·斯通著，常涛译，北京十月文艺出版社

57.《国史大纲》，钱穆著，商务印书馆

58.《存在与虚无》,（法）萨特著，陈宣良等译，生活·读书·新知三联书店

59.《生命是什么》,（奥）埃尔温·薛定谔著，罗来欧等译，湖南科学技术出版社

60.《博弈论与经济行为》,（美）冯·诺依曼、摩根斯特恩著，王宇等译，生活·读书·新知三联书店

61.《西方哲学史》,（英）罗素著，何兆武等译，商务印书馆

62.《什么是教育》,（德）卡尔·雅斯贝尔斯著，邹进译，生活·读书·新知三联书店

63.《从一到无穷大》,（俄）G. 伽莫夫著，暴永宁译，科学出版社

64.《中国哲学简史》，冯友兰著，北京大学出版社

65.《乡土中国》，费孝通著，生活·读书·新知三联书店

66.《中国文化要义》，梁漱溟著，学林出版社

67.《第二性》,（法）西蒙娜·德·波伏娃著，陶铁柱译，中国书籍出版社

68.《艺术的故事》,（英）恩斯特·贡布里希著，范景中译，生活·读书·新知三联书店

69.《中国科学技术史》,（英）李约瑟著，科学出版社、上海古籍出版社

70.《鲁迅选集》，鲁迅著，人民文学出版社

71.《新物理学的诞生》,（美）I. 伯纳德·科恩著，张卜天译，湖南科技出版社

72. 《西方音乐史》，（美）唐纳德·杰·格劳特、克劳德·帕利斯卡著，余志刚译，人民音乐出版社

73. 《寂静的春天》，（美）蕾切尔·卡森著，吕瑞兰译，科学出版社

74. 《公共领域的结构转型》，（德）尤尔根·哈贝马斯著，曹卫东等译，学林出版社

75. 《理解媒介：论人的延伸》，（加）赫伯特·马歇尔·麦克卢汉著，何道宽译，商务印书馆

76. 《百年孤独》，（哥）加西亚·马尔克斯著，高长荣译，北京十月文艺出版社

77. 《全球通史》，（美）L. S. 斯塔夫里阿诺斯著，吴象婴等译，北京大学出版社

78. 《正义论》，（美）约翰·罗尔斯著，何怀宏等译，中国社会科学出版社

79. 《宇宙最初三分钟》，（美）史蒂文·温伯格著，张承泉等译，中国对外翻译出版公司

80. 《东方学》，（美）爱德华 W. 萨义德著，王宇根译，生活·读书·新知三联书店

81. 《管锥编》，钱钟书著，中华书局

82. 《美的历程》，李泽厚著，生活·读书·新知三联书店

83. 《为什么中国没有发生科学革命》，（美）N. Sivin，《科学与哲学》杂志

84. 《生命中不能承受之轻》，（捷）米兰·昆德拉著，韩少功等译，作家出版社

85. 《人格心理学》，（美）J. M. 柏格著，陈会昌等译，中国轻工业出版社

86.《时间简史》，（英）史蒂芬·霍金著，许明贤等译，湖南科技出版社

87.《天才引导的历程：数学中的伟大定理》，（美）威廉·邓纳姆著，李繁荣等译，机械工业出版社

88.《文化帝国主义》，（英）约翰·汤林森著，冯建三译，上海人民出版社

89.《西方科学的起源：公元前六百年至公元一千四百五十年宗教、哲学和社会建制大背景下的欧洲科学传统》，（美）戴维·林德柏格著，王珺等译，中国对外翻译出版公司

90.《剑桥科学史》，（美）罗伊·波特著，方在庆主译，大象出版社

91.《世界著名科学家演说精粹》，朱长超著，百花洲文艺出版社

92.《文明的冲突与世界秩序的重建》，（美）塞缪尔·亨廷顿著，周琪等译，新华出版社

93.《激发心灵潜力》，（美）安东尼·罗宾著，戴木才译，时事出版社

94.《经济学原理》，（美）尼可拉斯·格里高利·曼昆著，梁小民译，生活·读书·新知三联书店

95.《你生命中的休闲》，（美）杰弗瑞·戈比著，康筝等译，云南人民出版社

96.《DNA：生命的秘密》，（美）詹姆斯·沃森、安德鲁·贝瑞著，陈雅云译，上海人民出版社